Guia espiritual
ou
Espelho das almas religiosas

Dados Internacionais de Catalogação na Publicação (CIP)
(Câmara Brasileira do Livro, SP, Brasil)

Blois, Luís de, 1506-1566
  Guia espiritual ou espelho das almas religiosas : seguido das máximas de São João da Cruz / Luís de Blois ; tradução de Uma filha de Maria. – Petrópolis, RJ : Vozes, 2024. – (Série Clássicos da Espiritualidade)

  Título original: Speculum monachorum

  ISBN 978-85-326-6623-9

  1. Cristianismo 2. Deus (Cristianismo) 3. Orações 4. Vida espiritual 5. Vida religiosa I. Título. II. Série.

23-182822   CDD-248.4

Índices para catálogo sistemático:
1. Vida espiritual : Cristianismo 248.4
Eliane de Freitas Leite – Bibliotecária – CRB 8/8415

Abade Luís de Blois, OSB

Guia espiritual
ou
Espelho das almas religiosas

seguido das
Máximas espirituais de
São João da Cruz

Tradução de uma filha de Maria

Petrópolis

Tradução do original em latim intitulado
Speculum monachorum

© desta tradução:
1925, 2024, Editora Vozes Ltda.
Rua Frei Luís, 100
25689-900 Petrópolis, RJ
www.vozes.com.br
Brasil

Todos os direitos reservados. Nenhuma parte desta obra poderá ser reproduzida ou transmitida por qualquer forma e/ou quaisquer meios (eletrônico ou mecânico, incluindo fotocópia e gravação) ou arquivada em qualquer sistema ou banco de dados sem permissão escrita da editora.

CONSELHO EDITORIAL

Diretor
Volney J. Berkenbrock

Editores
Aline dos Santos Carneiro
Edrian Josué Pasini
Marilac Loraine Oleniki
Welder Lancieri Marchini

Conselheiros
Elói Dionísio Piva
Francisco Morás
Gilberto Gonçalves Garcia
Ludovico Garmus
Teobaldo Heidemann

Secretário executivo
Leonardo A.R.T. dos Santos

PRODUÇÃO EDITORIAL

Aline L.R. de Barros
Marcelo Telles
Mirela de Oliveira
Otaviano M. Cunha
Rafael de Oliveira
Samuel Rezende
Vanessa Luz
Verônica M. Guedes

Conselho de projetos editoriais
Isabelle Theodora R.S. Martins
Luísa Ramos M. Lorenzi
Natália França
Priscilla A.F. Alves

Editoração: Natalia Cunha Machado
Diagramação: Littera Comunicação e Design
Revisão gráfica: Nilton Braz da Rocha
Capa: Editora Vozes
Ilustração de capa: Lúcio Américo de Oliveira

ISBN 978-85-326-6623-9

Este livro foi composto e impresso pela Editora Vozes Ltda.

Sumário

Duas palavras, 11

Notas biográficas sobre Luís de Blois, 13

Prefácio do autor, 21

I – O religioso deve sempre refletir no motivo que o incitou a abraçar um gênero de vida mais rigoroso, 23

    1 *A principal ocupação do verdadeiro religioso consiste na contínua mortificação de si mesmo,* 23

    2 *O retrato de um religioso relaxado,* 24

    3 *Para alcançar vitória e coroa, faz-se mister combate incessante,* 27

II – Da maneira de empregar cada momento do dia e, primeiramente, do ofício divino, da devoção e da aridez na oração, 31

1 *Como se há de principiar o dia e preparar-se para o serviço de Deus*, 31

2 *Como se há de recitar o ofício*, 32

3 *As distrações se devem afugentar ou suportar com paciência*, 33

4 *O que nos há de confortar no desânimo*, 35

5 *Dos servos infiéis a Deus*, 37

6 *Dos servos fiéis a Deus*, 39

7 *Exortação a examinar-se a si mesmo*, 42

8 *Das almas tíbias*, 43

III – É necessário procurar ocupações espirituais no intervalo das orações em comum, 45

1 *O horário*, 45

2 *A ociosidade*, 46

3 *A leitura espiritual e suas grandes vantagens*, 47

4 *Regras sobre a leitura espiritual*, 48

5 *Da oração particular, o que devemos pedir e o que devemos agradecer*, 50

IV – A Vida e a Paixão de Nosso Senhor devem constituir o tema capital da meditação, 53

1 *Excelência e utilidade da meditação da Vida e Paixão de Cristo*, 53

2 *Do modo de meditar sobre a Paixão de Cristo*, 54

3 *Vantagem dos afetos, e do modo de os excitar*, 63

4 *Método deste exercício para os principiantes*, 65

V – Do modo de examinar-se e de expiar os pecados, 73

1 *Da purificação da alma pelo exame e arrependimento*, 73

2 *Uma meditação sobre as alegrias da pátria celestial*, 75

3 *Quanto tempo se há de empregar na expiação dos pecados*, 79

4 *Como se hão de tomar em consideração as próprias forças*, 81

5 *Da moderação do zelo*, 83

6 *Da constância nos exercícios piedosos*, 85

VI – Adiantando-se na vida espiritual, tem-se frequentemente que lutar contra as tentações e as afeições interiores, 89

   1 Da privação do consolo interior e da graça sensível, 89

   2 Que durante a aflição interior o religioso se há de ocupar seriamente, 93

   3 Do combate contra as tentações impuras, 94

   4 Do combate contra o orgulho e da prática da humildade, 95

VII – Da conduta exterior, 99

   1 Da refeição corporal, 99

   2 Da modéstia no vestir, 101

   3 Da modéstia no comportamento, 102

   4 Do amor ao silêncio e cuidado no falar, 104

   5 Do recreio e das ocupações exteriores, 105

   6 Dos meios de evitar a singularidade, 108

   7 Do trato com os outros, 109

   8 Da reta disposição da alma em relação às criaturas, 111

   9 Como se há de detestar toda a espécie de pecado e trabalhar no aperfeiçoamento de si mesmo, 112

VIII – Que a mortificação é o resumo da perfeição; e o que é necessário fazer para terminar santamente os exercícios do dia, 117

1 *Abnegação e humildade: a base da perfeição cristã*, 117

2 *Da felicidade que gozam os que chegam à verdadeira abnegação de si mesmos*, 120

3 *O religioso é obrigado, em virtude de sua profissão, a aspirar à perfeição*, 123

4 *Exortação à perseverança*, 127

5 *Como se há de encerrar o dia*, 129

Epílogo, 131

Máximas espirituais de São João da Cruz, 133

Duas palavras

Apresentando hoje, pela primeira vez, ao público brasileiro a versão portuguesa da excelente obra *Speculum Monachorum*, do Venerável Luís de Blois, julgamos prestar um pequeno serviço às almas sequiosas da perfeição cristã e enriquecer a nossa literatura ascética, tão falha de bons livros, em vernáculo, de mais uma joia preciosa. Quanto ao valor intrínseco da obra, remetemos o leitor ao prefácio do Padre Konrado Elfner, OSB, da edição alemã, que abaixo reproduzimos quase em sua íntegra. Na presente tradução aproveitamos, além do original latino, as traduções francesa e alemã.

Petrópolis, 29 de março de 1921.

A tradutora

Notas biográficas sobre Luís de Blois[1]

Luís de Blois, autor do presente opúsculo, teve como berço natal os Países Baixos espanhóis e era descendente da mui virtuosa e nobre Família Blois. Nascido em 1506, no Castelo Donstienne, em Hennegau, foi educado juntamente com o Príncipe Carlos, mais tarde Imperador Carlos V, na Corte de Bruxelas, sob a sábia direção de Adriano Florencio, que depois foi elevado ao trono pontifício, com o título de Adriano VI. Na tenra idade de 14 anos veio-lhe o apelo divino de abandonar o século, com seus prazeres e honrarias, e dedicar-se ao serviço de Deus. Obedecendo a essa voz, Luís abandonou o mundo e entrou na Ordem de São Bento, na abadia de sua pátria, Liesse. A integridade de seu caráter e a santidade de sua vida logo o tornaram tão recomendável a seu abade que este o fez seu coadjutor. Morto o abade, sucedeu-lhe Blois (1530) na dignidade abacial e no governo da abadia; contava então apenas 24 anos de idade.

---

1. Do prefácio de Dom Konrado Elfner, OSB, à edição alemã.

Daí em diante, até morrer, o novo abade de nada mais cogitou senão de se consagrar, de corpo e alma, ao mister de seu alto cargo e a uma assídua atividade ascético-literária. Pela influência de sua palavra e exemplo, tomou a vida monástica novo impulso de florescência, dando os novos estatutos, que o abade redigira e o Papa Paulo III confirmara, forma duradoura e consistente à disciplina regular. Debalde esforçava-se Carlos V, seu amigo de infância, para que ele aceitasse a rica abadia de São Martinho, em Tournay; debalde oferecia-lhe Carlos o arcebispado de Cambrai; tudo rejeitava o nosso humilde prelado com igual constância. Tendo ele dirigido com muita prudência, amor e proveito espiritual sua comunidade religiosa por mais de 35 anos, veio a falecer, na paz do Senhor, em Liesse, aos 7 de janeiro de 1566, depois de haver dirigido palavras edificantes de despedida a seus monges.

O venerável abade era um fiel servidor do Senhor e jamais manchou a sua inocência, conservando intacta a graça batismal até o seu último suspiro; vivia constantemente na presença de Deus, e nas muitas provações angustiosas que teve de padecer, sua calma e paz d'alma eram inalteráveis. Na época da Reforma de Lutero, era Blois um fulgurante ornamento de sua Ordem e da

Igreja. Mestre abalizado que era na arte difícil de dirigir almas, criou ele, outrossim, como produtivo escritor ascético, obras de valor imperecível. Seus escritos lembram, pela sua amenidade e unção, a um São Bernardo, motivo esse por que seus contemporâneos lhe chamavam de *alter Bernardus*. Os sábios ensinamentos que o autor vasou em seus escritos, ensinamentos que ele em própria pessoa, desde sua juventude, praticou sempre à risca, são os sazonados frutos das próprias experiências interiores e do aturado estudo dos Santos Padres, nomeadamente de São João Crisóstomo, Agostinho, Gregório Magno e ainda dos místicos medievais: São Bernardo Tauler, Suso e Ruysbrock, bem como das obras de Santa Gertrudes, Matilde, Catarina de Sena e outros mais. Os retiros espirituais de Santo Inácio também lhe eram conhecidos.

É assim, pois, que o vemos, na época transitória da Idade Média à Moderna, como o representante e herdeiro das tradições medievais sobre a vida espiritual. Ele legou essas tradições como preciosa herança em conjunto harmonioso, ao espírito religioso daquele tempo, novamente impulsionado pelo Concílio de Trento. Não é, pois, de admirar que suas obras tivessem, no correr dos tempos, repetidas edições em quase todas as línguas europeias; que fossem muito apreciadas por eminentes homens espirituais como Santo Inácio, São Francisco de Sales e outros, que recomendaram encarecidamente sua leitura aos fiéis.

Uma das mais importantes de suas obras, e de maior celebridade, é sem dúvida o *Speculum Monachorum*, cuja tradução oferecemos no presente livrinho aos devotos leitores. Entre muitas lágrimas e ardentes preces, compô-la Blois nos primeiros anos do seu regime abacial, publicando-a em 1538, sob o pseudônimo "Lacryamus", que quer dizer: "o que chora". Ele estava então empenhado na restauração da disciplina regular, um tanto relaxada, de seu convento. O *Espelho dos religiosos* devia preparar os ânimos de seus confrades à premeditada reforma, pelo que também ordenou Blois que o opúsculo servisse de comum leitura espiritual que os religiosos diariamente costumavam fazer, antes da recreação do meio-dia. E tão entusiasmados ficaram seus filhos espirituais pelo ideal dum monge beneditino que resplandecia no *Speculum*, bem como na vida de seu autor, que nenhuma dificuldade opuseram à introdução dos novos estatutos ou constituições.

O *Espelho dos religiosos* é a primeira obra de Luís de Blois, mas nem por isso lhe levam vantagem as obras posteriores. Segundo o competente parecer do Abade Guéranger, "sobrepuja este opúsculo, deveras áureo, a outra obra do mesmo autor, *Institutio spiritualis*, à qual atribuem alguns a palma do mérito. O opúsculo encerra sucintamente o essencial da ascese beneditina, a qual, repleta de doçura, vida e vigor, nada contém dos modernos métodos científicos que, pela sutileza, brilham às vistas e aguçam, quiçá, a inteligência, mas raro movem o coração"[2]. Guéranger analisa os capítulos do livrinho do seguinte modo: "Blois, depois de ter precisado o conceito de um verdadeiro religioso (cap. I), dá-lhe uma instrução sobre o ofício divino, cuja digna recitação constitui a ocupação principal do religioso (cap. II), e indica após as melhores regras para a leitura espiritual, à qual o autor, a exemplo de São Bento, liga grande importância (cap. III). Em seguida é o leitor iniciado no exercício da oração interior e na contemplação, cujo objeto principal são a Vida e Paixão de Nosso Senhor Jesus Cristo (cap. IV). Como, porém, a vida monástica aspira ao aperfeiçoamento dos costumes, mostra o autor como o religioso deve reparar as consequências do pecado e restaurar em si a vida sobrenatural (cap. V). Para então

---

2. Enchiridion Benedictinum complectens regulam, vitam et laudes SS. occidentalium monachorum Patriarchae, accedunt Exercitia S. Gertrudis Magnae et Blosii Speculum. Andegavi 1862. Praef. p. XXV sq.

não deixar o principiante inerme e sem auxílio nas horas das tentações e angústias da vida, sabe Blois incutir-lhe, com rara prudência e amor, aquelas virtudes que lhe asseguram a vitória: confiança em Deus e humildade (cap. VI). Seguem prescrições concernentes à conduta exterior, prescrições estas que lhe revelam a suma perícia na vida espiritual e rara discrição (cap. VII). Finalmente é o leitor conduzido à estreita senda da abnegação própria e do desprezo de si, para assim unir-se mais e mais a Deus e alcançar aquela liberdade de espírito que lhe facilita trilhar a vereda dos preceitos de Deus".

Do que fica dito, vê-se claramente que o opúsculo foi, em primeiro lugar, compilado para monges e religiosos em geral; é a eles, portanto, que também oferecemos, em primeiro lugar, a presente tradução. Não há, porém, a menor dúvida que também seja muito útil e recomendável a todas as pessoas seculares que estão resolvidas a levar uma vida piedosa e verdadeiramente cristã. Ouçamos a esse respeito algumas testemunhas.

No prólogo a uma antiga tradução inglesa[3], diz o tradutor, Sir J.D. Coleridge, que a princípio traduzira o livro somente para pequeno número de amigos, mas, aconselhado por eles, nomeadamente

---

3. *A mirror for monks*. Londres, 1872.

pelo celebre estadista Gladstone, mais tarde pelo Cardeal Newman e outros, o deu à publicidade; acrescenta ainda esse conspícuo membro leigo da Igreja Inglesa: "Espero que a beleza e o valor do opúsculo hão de justificar suficientemente sua reedição. O *Espelho dos religiosos* é deveras um espelho para todo o cristão, e eu o recomendo a todos os leitores cristãos".

Da mesma opinião é o espirituoso De Lamennais, no prefácio à tradução francesa[4], que, ao vir à luz, em 1809, teve tal aceitação dos contemporâneos que foi considerada como que revelação do outro mundo, e ainda hoje é muito apreciada na França, onde está divulgada em muitas edições. No prefácio se lê, entre outras coisas memoráveis, o seguinte: "Estaria muito enganado quem pensasse que este livrinho é de exclusiva utilidade para quem foi primeiramente escrito. Não há cristão, seja de que estado for, que o não possa ler e meditar com muito proveito espiritual. Todos os preceitos da vida espiritual, todos os conselhos que podem conduzir à perfeição, acham-se aqui reunidos e expostos em forma tão aprazível que causa prazer a sua leitura. Não conheço outra obra ascética – sem mesmo excetuar a *Imitação de*

---

4. *Le Guide spirituel ou le Miroir des Ames Religieuses*. Paris, 1915.

Cristo, de valor insuperável sob outros pontos de vista – que reunisse, no mesmo grau, a doçura e a ternura, a vivacidade dos sentimentos e a singeleza da expressão. Vê-se e sente-se que, em todas as páginas, o autor está profundamente compenetrado das verdades que prega, e que, segundo as Sagradas Letras, o coração do sapiente instrui sua boca e sobre seus lábios estende graça!"

Prefácio do autor

Vós me pedis, caro irmão, uma espécie de espelho espiritual, onde pudésseis, contemplando-vos, perceber o que há em vossa alma de belo ou de disforme.

Esse pedido embaraça-me e faz-me ver quão pouco me conheceis; pois, se me conhecêsseis, como ousaríeis pedir uma coisa espiritual a um homem que é só matéria? Entretanto, temendo parecer descuidar, antes, desprezar vosso pedido, envio-vos o que a minha indigência me pôde fornecer. Recebei, pois, esse pequeno tratado; talvez possa ele fazer-vos conhecer o que realmente sois, e o que não sois, ou, ao menos, o que deveis ser.

I
O religioso deve sempre refletir no motivo que o incitou a abraçar um gênero de vida mais rigoroso

1 A principal ocupação do verdadeiro religioso consiste na contínua mortificação de si mesmo

Em primeiro lugar, eu vos exorto a relembrar-vos amiudadas vezes o motivo que vos fez abandonar o mundo. Sem dúvida, é a fim de que, morto a esse mundo e a vós mesmo, não vivêsseis senão para Deus. Aplicai-vos, pois, a executar sem negligência o que vos propusestes numa tão louvável determinação. Aprendei a desprezar profundamente todas as coisas sensíveis, a mortificar vossas paixões e afeições desregradas, a vos violentar com coragem.

Esforçai-vos em reprimir os vagos pensamentos de vosso espírito, em vencer a fadiga, a tibieza e o tédio, que nascem da fraqueza de vossa alma. Que esse seja o vosso trabalho, vosso combate, vossa aflição de cada dia; combate glorioso! Salutar aflição! Não negligencieis nunca; mas sempre de pé, sempre atento, velai, examinai, atacai o vosso *eu* sem sombra de consideração, sem falsa indulgência para com vossa própria pessoa.

Eis o que vosso Deus vos pede; eis o que exige de vós vossa nova situação. Sois servo de Jesus Cristo e quereis mostrar-vos digno desse título, pois bem! Sede então verdadeiramente o que fazeis profissão de ser; conduzi-vos como um servo de Jesus Cristo: combatei, subjugai vossos vícios; prestai atenção continuamente à natureza depravada, à animosidade do coração, às voluptuosidades da carne e aos atrativos sedutores da sensualidade.

2 O retrato de um religioso relaxado

Refleti bem no que vos digo. Se, vos comprazendo em vós mesmo, deixais o orgulho, a presunção, a vanglória dominar vossa razão; se vos atreveis a seguir com ousadia vossos sentidos e desprezar o que é humilde e simples, não sois então um servo de Jesus Cristo.

Se não repelis com todas as vossas forças todos os movimentos de inveja, ódio, amargura, indignação; se não abafais cuidadosamente os juízos temerários, as queixas pueris, as murmurações culpadas, não sois um servo de Jesus Cristo.

Se, uma vez nascida a discórdia entre vós e vosso irmão, não procurais imediatamente reconciliar-vos com ele; se não esqueceis depressa a injúria que vos feriu e, pelo contrário, conservais em vosso coração um desejo de vingança, um secreto ressentimento, uma menos sincera afeição para com vosso próximo, ou lhe deixais notar algum sinal de aversão; se hesitais mesmo em assisti-lo nas suas necessidades, quando uma ocasião se apresenta, não sois um servo de Jesus Cristo, não sois um cristão, sois desprezível diante de Deus.

Se, depois de haver caído, corais de vos acusar e de confessar simplesmente vossa falta; se não recebeis com paciência e humildade as repreensões, os conselhos, as penitências que vos serão impostas, não sois um servo de Jesus Cristo.

Se não obedeceis com prontidão e fidelidade, em tudo que não é mal, a vosso pai espiritual; se lhe negais o respeito e a amizade que lhe são devidos, como ao representante de Deus mesmo, não sois um servo de Jesus Cristo.

Se faltais voluntariamente ao ofício divino e aos outros exercícios que são de obrigação; se não assistis a esse serviço divino com atenção e reverência, não sois um servo de Jesus Cristo.

Se, negligenciando o interior, não vos ocupais senão do exterior; se, preenchendo com o coração frio e unicamente por hábito, os deveres da religião, vós vos contentais com arrastar com indolência ao pé dos altares um corpo cansado dos santos exercícios, não sois um servo de Jesus Cristo.

Se as leituras piedosas e outros atos espirituais não vos ocupam totalmente; se vossa alma, agrilhoada pelas coisas que passam, ou abatida pelo peso delas, não se eleva senão raramente aos bens eternos, não sois um servo de Jesus Cristo.

Se, por uma delicadeza insensata, desejais hábitos luxuosos, leitos fofos e todas essas frívolas consolações da carne, incompatíveis com a vida que abraçastes e com os exemplos que ela vos obriga a dar; se, desejoso do repouso do corpo, recusais suportar por amor de Deus o trabalho e a pena, não sois um servo de Jesus Cristo.

Se a solitude e o silêncio vos pesam, e preferis as conversas ociosas, os risos desordenados, não sois um servo de Jesus Cristo.

Se vos queixais às pessoas do século; se apreciais, aborrecido deste retiro que vós mesmo escolhestes, vagar pelas cidades e vilas, não sois um servo de Jesus Cristo.

Se desprezais alguma das observâncias de nossa santa religião, embora sejam de pouca importância, e as transgredis voluntariamente, não sois um servo de Jesus Cristo.

Numa palavra, se procurais no convento outra coisa que não seja Deus, e não vos inquietais seriamente, com todos os vossos esforços, em galgar a perfeição, não sois um servo de Jesus Cristo.

3 Para alcançar vitória e coroa, faz-se mister combate incessante

A fim de serdes verdadeiramente, como já o disse, o que fazeis profissão de ser, e de não trazer em vão esse belo título, vivei como servo desse divino mestre; armai-vos e combatei contra vós mesmo, e enquanto depender de vós, vinde em vosso próprio socorro, para triunfardes de vós mesmo.

Se não desfrutais logo a paz que desejais; se não vos é dado ainda gozar do repouso; se as paixões rugem ao redor de vós, e se ressentis ainda a violência dos movimentos da carne; se mesmo Deus permitisse, para vosso bem, que lutásseis toda a vossa vida contra inimigos dessa espécie, tende confiança, não vos deixeis abater como alguém fraco; porém, humilhai-vos perante

Deus; perseverai em vosso posto, e aí combatei corajosamente.

O apóstolo São Paulo, esse vaso de eleição, não foi ele provado durante toda a sua vida pela tentação e atormentado pelo anjo de satanás, que o esbofeteava? E embora ele implorasse muitas vezes a Deus, em suas orações, que o libertasse de uma aflição tão grande, nem por isso foi atendido, porque não lhe convinha. O Senhor, porém, lhe respondeu: "Minha graça te é suficiente, a virtude aperfeiçoa-se na enfermidade" (2Cor 12,9). E desde então Paulo sofreu com reconhecimento o golpe salutar da tentação. Fortificada pelo exemplo desse atleta invencível, possa vossa alma sustentar sem desânimo o peso dessas rudes provações, permanecer imutavelmente fixa nas suas santas resoluções.

Esse estado de ansiedade e de trabalho, embora vos pareça bem amargo, não duvideis, é bem agradável a Deus. Sofrei com constância inabalável esse martírio espiritual. Nunca desanimeis, quando mesmo fordes calcado aos pés milhões de vezes; recebereis a coroa com a condição de perseverardes, com a condição de não abandonardes o combate e não atirardes para longe as vossas armas. Fazei tudo o que estiver ao vosso alcance e entregai o resto à disposição do Senhor, dizendo:

"Tal é a vossa vontade no céu; assim seja ela cumprida sobre a terra" (1Mc 3,60). Que a vontade de Deus seja o vosso supremo consolo.

Em qualquer lugar que estiverdes, para qualquer ponto que vos volverdes, enquanto durar esta vida, encontrareis sempre tentações e cruzes; é preciso, pois, estardes preparado para suportá-las, sem tréguas, com paciência. Ditoso, se instruído pela graça a levar em paz o peso da vossa alma, chegardes afinal a gozar verdadeiramente da doçura de sofrer por Deus!

II
Da maneira de empregar cada momento do dia e, primeiramente, do ofício divino, da devoção e da aridez na oração

O capítulo precedente parecer-vos-ia suficiente, meu irmão? Ou desejais aprender com mais detalhes como deveis formar vosso interior e vosso exterior; de que maneira a razão vos prescreve regular vossa vida e empregar cada dia para Deus?

Atenção, pois.

1 Como se há de principiar o dia e preparar-se para o serviço de Deus

Logo ao despertar fazei devotamente o sinal da cruz e dirigi a Deus uma breve oração, a fim de que Ele apague em vossa alma toda a nódoa de pecado e se digne vir em vosso auxílio. Em seguida, depois de terdes dissipado os importunos fantasmas da imaginação, ocupai-vos de algum pensamento piedoso, e vigiai, a fim de que nada possa embaciar sequer a pureza de vosso coração.

Não obstante, se a fragilidade da carne, se o peso do sono oprime e sobrecarrega o espírito, não vos inquieteis, recobrai ânimo, pois: "O Reino do Céu sofre violência e os violentos o arrebatarão" (Mt 11,12). Vosso Deus vos pagará segundo a medida do trabalho que tiverdes suportado por Ele (1Cor 3,8).

Depois de haverdes deixado o vosso leito, recomendai e oferecei vossa alma e vosso corpo ao Altíssimo.

Apressai-vos de ir à igreja, como ao lugar de vosso refúgio, como ao jardim das delícias espirituais.

À espera de que comece o ofício divino, aplicai-vos em conservar vossa alma em paz, reprimindo a multidão de pensamentos vagos e tumultuosos; e, recolhido em Deus, com simplicidade, saboreai em silêncio algum pensamento de amor.

2 Como se há de recitar o ofício

Durante o ofício procurai ouvir e pronunciar com exatidão, respeito e reconhecimento os salmos sagrados, "a fim de provar o quanto o Senhor é suave" (Sl 33,9) e de sentir a força incompreensível e a inalterável doçura de sua palavra. Pois tudo o que ditou o Espírito Santo é verdadeiramente, para a alma humilde e casta, um alimento vivificante e uma deliciosa consolação; lembrai-vos, pois, de fazer nisso fiel atenção.

Evitai, entretanto, uma demasiada contenção de espírito e movimentos muito vivos, sobretudo se o vosso cérebro sente dificuldade em manter-se em grande aplicação; temendo que vossa alma fatigada, ferida, mais se perturbe e se contraia e vós mesmo vos fecheis a entrada do Santuário de Deus.

Evitai, igualmente, uma solicitude por demais tímida, que produz ordinariamente perturbações e desânimo. Perseverai nos louvores de Deus sem perplexidade, com uma atenção vigilante, mas doce e tranquila.

3 As distrações se devem afugentar ou suportar com paciência

Se vosso coração vos foge, mau grado vosso, nunca vos alarmeis; mas esforçai-vos com doçura, fazei docemente o que estiver ao vosso alcance e abandonai o resto à vontade divina.

Continuai a nutrir, no íntimo do vosso coração, um terno amor para com Deus, e os defeitos que ainda não tiverdes podido destruir tornar-se-ão, de certo modo, para vós, uma fonte de consolação; pois, assim como uma terra fértil, recoberta com vil adubo, torna-se por isso mais fecunda, do mesmo modo a alma, cuja vontade é reta, fertilizada, por assim dizer, durante esta vida, por suas imperfeições e por suas misérias, colherá no dia da visita do Senhor um fruto delicioso, se ela as suporta com paciência[5]. E de que serviria a impaciência? Quereis porventura acrescentar calamidades a calamidades? Não provareis com isso a falta de verdadeira humildade e que conservais o pernicioso amor-próprio?

Enquanto assistis ao ofício com respeito, e que vosso desejo, vossa vontade é de empregar nisso uma atenção constante, embora não possais sustentar continuamente esta atenção, agradais a Deus, e Ele não vos imputará a instabilidade de vossos pensamentos, contanto que não os tenhais

---

5. É neste sentido que fala São Francisco de Sales, num de seus escritos, de suas "caras imperfeições"; e mais porque elas eram para ele um motivo subsistente do humilhar-se. Não se deve concluir daí que não é de muita necessidade trabalhar a fim de destruir as nossas; pois, em primeiro lugar, há uma grande distância entre as imperfeições de um São Francisco de Sales e o que chamamos nossas próprias imperfeições, e talvez estas lhe merecessem bem diverso qualificativo; além disso, é dever do cristão tender sempre à perfeição, embora certo de não a atingir neste mundo: "Sede perfeitos como meu Pai celeste é perfeito" (F. de Lamennais).

entretido por negligência, e que antes da oração tivésseis o cuidado de acalmar e firmar vossos sentidos.

Se não podeis oferecer uma obediência perfeita, oferecei ao menos uma vontade pura, oferecei com espírito de humildade uma intenção reta; e o demônio não terá nada de onde possa tirar proveito contra vós.

Quando não tiverdes outra coisa a oferecer ao Senhor, senão uma sincera disposição de servi-lo de corpo e de espírito, num santo temor, tende confiança, não perdereis vossa recompensa.

Mas infeliz de vossa alma se fostes negligente, se fostes relaxado e que daí tenha vindo a falta de atenção; pois está escrito: "Maldito o homem que opera fraudulentamente a obra de Deus" (Jr 48,10). Restituí, pois, com perfeição o que estiver em vosso poder restituir; e sede tranquilo se vosso poder é menor que vossos desejos.

4 O que nos há de confortar no desânimo

Cheio dessa piedosa segurança, não vos perturbeis se sobrevêm obstáculos que vos impeçam de dar a Deus tudo o que quisestes dar-lhe. Estais provado pela tentação ou qualquer outra miséria, como a distração do espírito, o abatimento da alma, a aridez do coração, as dores de cabeça? Guardai-vos de dizer: o Senhor me abandona, Ele me rejeita, minha homenagem não lhe é agradável – linguagem própria dos filhos de desconfiança; mas, ao contrário, sofrei tudo com paciência, e mesmo com alegria, por aquele que vos chamou e escolheu, e crede que Ele está "perto daqueles cujo coração está atribulado" (Sl 33,19).

Se levais humildemente e sem revolta o fardo que vos é imposto, pode-se dizer que grau de glória acumulais na vida futura. É então que podeis dizer verdadeiramente a Deus: "Fui semelhante ao animal dócil, que se deixa conduzir pela mão, eis por que permanecerei sempre junto de vós" (Sl 72,23).

Escutai, meu irmão: quando mesmo vossa alma, inundada de delícias e elevada acima de vós mesmo, atingisse o terceiro céu, a fim de conversar com os anjos, não tereis feito nada de mais grandioso que sofrer com amor, por vosso Deus, a tristeza e o exílio do coração, e ter sido semelhante ao Salvador do mundo, o qual, entre as mais pungentes dores, desgostos, temores, angústias, dizia a seu Pai: "Que vossa vontade se cumpra"; e que, suspenso numa cruz, os pés e as mãos atravessados, não teve onde repousar a cabeça; que, enfim, por um prodígio de amor inaudito, padeceu com alegria por vós os tormentos e a ignomínia, a mais amarga e a mais dolorosa paixão.

Entre as securas e as provações esperai em silêncio e com santa longanimidade que praza ao Altíssimo dispor de outro modo. E certamente no último dia não vos perguntarão se saboreastes aqui na terra muitas doçuras, mas se fostes fiel no serviço e ao amor de vosso Deus.

5 Dos servos infiéis a Deus

No número dos que se dizem servos de Deus, muitos o servem infielmente; existem poucos que o servem com fidelidade. Os servos infiéis, enquanto se sentem amparados por uma devoção sensível e consolados pelo dom das lágrimas, servem a Deus com ardor, oram de boa vontade, entregam-se com alegria a todas as obras piedosas, e suas almas parecem submersas em profunda paz. Mas desde que Deus retira esta devoção sensível, ei-los que se perturbam, irritam-se, indignam-se e, na sua impaciência, abandonam a oração e os outros santos exercícios; e, porque não sentem mais a seu gosto as consolações interiores, desviam-se para as exteriores – consolações perniciosas e que o espírito de Deus reprova.

Mostram claramente nisto que, em vez de procurarem puramente a Deus, suas almas impuras só procuram os dons de Deus, para abusarem de suas doçuras; pois, se amassem a Deus puramente, não se descansariam criminosamente em seus dons, e quando lhe aprouvesse retirá-los, permaneceriam tranquilamente em Deus, sem recorrer às consolações proibidas. Eles são, portanto, servos infiéis, porque na adversidade cessam de conservar em Deus a fé prometida. "Creem por algum tempo e, quando chega a provação, desfalecem" (Lc 8,13). Quereriam gozar de uma felicidade contínua; o peso dos sofrimentos os abate e acabrunha. Quando Deus os faz partícipes de suas alegrias – único alvo a que se propõem em seu serviço –, então, sim, servem a Deus. Se Ele as recusa, afastam-se dele. Por conseguinte, no tempo mesmo que gozam, não é a Deus, senão somente a si próprios que servem. Em tudo e sempre preferem a sua vontade à de Deus.

Fazem consistir a santidade antes na doçura das consolações que na mortificação dos sentidos e na destruição dos vícios, ignorando que o verdadeiro amor de Deus se manifesta muito mais seguro nas privações dos gozos sensíveis do que na abundância e vivacidade deles. Esses gostos são antes simples movimentos da natureza do que efeitos da graça do Espírito Santo. Mas, quaisquer que sejam, se não são usados com prudência, produzem quase sempre um secreto orgulho, uma criminosa complacência em si mesmo, uma funesta segurança, como se pode observar nesses servos infiéis; pois, desde que o Senhor derrama em suas almas algumas de suas doçuras, eis que começam imediatamente a julgar-se e a desprezar os outros, a se crerem santos e depositários dos segredos de Deus; cobiçam e procuram, pelos meios mais extravagantes, as revelações celestes; aspiram passar por homens miraculosos, prova evidente de que a santidade que julgam possuir não existe neles. Assim desvanecem-se em seus pensamentos os que mais desejam as graças sensíveis do que o próprio autor da graça.

6 Dos servos fiéis a Deus

Bem diferentes são os servos fiéis; inteiramente desprendidos de si mesmos, não procuram senão a Deus somente; renunciam a todo amor-próprio, veem em tudo a vontade e a glória de Deus, sem se ocuparem de sua própria consolação. Embora o Senhor lhes retire seus dons, ou deixe cair sobre suas almas algumas gotas de eterna suavidade, sempre os mesmos, sempre serenos, não cessam um só instante de amar, de louvar a Deus. Nem as nuvens interiores, nem o cansaço dos sentidos, nem o adormecimento do espírito, nem o abatimento da alma, nem as angústias das tentações, nem os golpes da adversidade, nem os acessos da prosperidade, nada os pode fazer titubear. Posto que, nesses diversos estados, eles possam, quiçá, experimentar algumas vezes, na parte inferior da alma, o aperto de uma excessiva tristeza, ou o novo impulso de uma alegria sensível, contudo, nunca se abatem, porque se esforçam em manter em paz as altas regiões da alma, conformando sua vontade com a vontade divina, e afligindo-se em sentir em si mesmos os mais ligeiros movimentos duma culpada contradição.

Fundados sobre pedra sólida, permanecem firmes na caridade de Deus, sua santa vontade constitui em tudo o seu supremo consolo. Sua piedade não acusa alternativa alguma, porque detestam e fogem com horror a tudo o que desagrada a Deus e que assim nada pode manchar, mesmo ligeiramente, a pureza de seus corações. Abandonando a Deus o êxito de todas as coisas, essas almas são sempre calmas, livres e sem mácula. Tal é a verdadeira devoção, a que é mais agradável a Deus.

Há uma outra devoção sensível, mais familiar àqueles que começam ou que se converteram há pouco. Menos durável e menos segura, não deixa, entretanto, de ser muito útil, se usada com prudência. Os servos fiéis, nomeio assim aqueles que Jesus Cristo chama "não mais seus servidores, porém seus amigos" (Jo 15,15), procuram às vezes, esses mesmos, a eficaz e encantadora doçura da graça, "a alegria pura da bênção do Senhor" (Sl 50,14); procuram seu semblante amável e seus deliciosos ósculos, mas com o pudor de um desejo todo espiritual, e não com uma avidez sensual, com uma leviandade pueril ou uma impaciência cheia de alvoroço.

Procuram os dons de Deus não para gozar deles vergonhosamente, como de uma voluptuosidade serena, mas a fim de que esses dons acresçam seu fervor e, purificando-os de toda a mácula, tornem-se mais agradáveis ao celeste Esposo. Elevam-se, sustentados pela graça, até ao autor da mesma graça, até ao ente soberanamente bom, em quem unicamente é permitido repousar. Felizes, perfeitamente felizes; pois, quanto menos apegados a seus dons, tanto mais recebem em abundância.

Que o Senhor os enriqueça de suas bênçãos, seus corações estão longe de orgulhar-se disso; eles não desprezam os outros, eles desprezam-se a si mesmos, e reconhecem-se indignos de qualquer graça espiritual. Consecutivamente recordam-se que tudo o que possuem lhes vem da pura misericórdia de Deus, e que, quanto mais receberem, tanto mais se lhes exigirá (Lc 12,48). Um santo temor desperta sem cessar sua vigilância; e, aproveitando humildemente os dons celestes, consideram-se como os últimos de seus irmãos.

Os favores extraordinários, os arrebatamentos de espírito, as visões, os milagres, mesmo deslumbrantes, não é este o motivo de suas alegrias; mas se, humildes servos de Cristo, são manchados por uma injusta difamação, carregados de ultrajes e opróbrios, mergulhados na mais extrema abjeção, glorificam-se e regozijam-se em si mesmos. Apressam-se em afastar, com o sinal da cruz, as pérfidas sugestões do espírito de trevas, que se esforça em seduzi-los pelo atrativo da vanglória e da própria complacência, e todas as astúcias da serpente malogram-se contra sua resistência.

Não é nem no número nem no mérito de suas boas obras que depositam a esperança de salvação; mas põem toda a sua confiança em Jesus Cristo, que lhes obteve, por seu sangue, a liberdade de filhos de Deus.

7 Exortação a examinar-se a si mesmo

Para vós, meu irmão, depois de haverdes aprendido a distinguir os servos fiéis dos infiéis, julgai-vos a vós mesmo, e trabalhai a fim de tornar-vos o que talvez não fostes até aqui.

Se sois daqueles em cujo meio não quiséreis tomar parte e não pertenceis ao número daqueles entre os quais desejaríeis ser contado, gemei, humilhai-vos, pois "Deus dá sua graça aos humildes" (Tg 4,6).

E certamente se, humilhando-vos na presença do Senhor, vos afligis de serdes ainda do número dos infiéis, já estais de certo modo elevado à categoria dos servos fiéis.

8 Das almas tíbias

Há outros ainda que, por qualquer vil interesse, sem dúvida, fingindo servir a Deus, não podem, entretanto, de modo algum, ser chamados seus servos. Falo desses miseráveis que, desprezando a piedade e a graça do Senhor, negligenciam inteiramente o cuidado da alma, honram a Deus apenas com os lábios, quando Ele está longe de seus corações. Mergulhados num profundo abismo de males, apenas às vezes recordam-se da própria salvação. Tais hoje quais ontem, saem da casa de Deus como entraram, quero dizer: frios, covardes, distraídos, sem modéstia, sem temor, sem respeito. Suas bocas impuras pronunciando as palavras sagradas irritam o Senhor, longe de apaziguá-lo.

Oxalá fossem eles reservados só para o mundo! Que fazem eles nos nossos templos? Por que vêm pisar uma terra santa e devorar as esmolas dos justos? Por que mancham eles, com suas delícias carnais, os lugares consagrados aos santos exercícios? Se se querem volver na lama, por que não continuam na lama do século, sem virem profanar os asilos da pureza? Entregando-se sem reserva às desordens do mundo, eles se teriam preparado um suplício ordinário; trazendo o escândalo entre os fiéis, eles se preparam um duplo suplício. Mas deixemos esses desgraçados e voltemos ao nosso assunto.

III
É necessário procurar ocupações espirituais no intervalo das orações em comum

1 O horário

Estabelecei uma ordem fixa em vossos exercícios particulares. Prescrevei-vos ocupações para cada hora do dia, de maneira que, se por obediência ou por qualquer outro motivo razoável, ou por um acontecimento imprevisto, sois forçado a abreviar ou mesmo omitir algum de vossos exercícios, vossa paz, no entanto, não seja por isso perturbada.

Pois o que deve constituir, acima de tudo, o alvo de vossos esforços é o de conservar vossa alma livre de todo vínculo próprio, pura, igual, serena, na presença de Deus. Nenhum exercício, por mais penoso e austero que seja, é tão agradável ao Senhor. É por esse motivo que se alguma prática espiritual, mesmo útil em aparência, constrange e entrava vossa liberdade[6], é preciso abandoná-la por algum tempo, se a obediência o permite. Fechai vosso coração às agitações inquietas, aos movimentos tumultuosos, numa palavra, a tudo o que possa alterar-lhe a paz, enfraquecer vossa confiança em Deus e pôr obstáculos ao vosso progresso espiritual.

2 A ociosidade

Fugi cuidadosamente a toda viciosa ociosidade, aí está o inimigo que mata a alma. Fugi, porém, igualmente às ocupações viciosas; chamo ociosas as ocupações inúteis.

E não vos admireis se vos digo: Fugi a toda ociosidade viciosa. Pois há uma ociosidade louvável e santa; quando a alma, profundamente recolhida em Deus, longe das distrações e ruídos dos objetos sensíveis, repousa deliciosamente nos braços do seu bem-amado.

---

6. É sem dúvida útil fazer observar que não se trata aqui senão da liberdade do espírito, dessa santa liberdade dos filhos de Deus que nunca é mais absoluta senão depois de havermos feito o sacrifício de nossa independência. Seria um erro confundir essas duas coisas, tão diferentes entre si como o espírito do homem é diferente do espírito de Deus (F. de Lamennais).

Se a mão do Senhor vos conduz a esse estado, gozareis então de uma feliz e proveitosa ociosidade; de outra maneira, lede, meditai e orai constantemente, ocupai-vos sempre de alguma coisa útil.

3 A leitura espiritual e suas grandes vantagens

Entregai-vos com ardor às leituras piedosas; elas têm um encanto que nunca se esgota. Aí aprendereis a gozar da doçura das coisas celestes, e acontecerá que, habituado às santas delícias, não sentireis senão desprezo para com as voluptuosidades dos sentidos; e vosso espírito firmar-se-á maravilhosamente em suas boas resoluções.

A fim de colherdes dessa leitura tão grande fruto, esforçai-vos em trazer as disposições convenientes, quero dizer a atenção, a sabedoria, a humildade. Que isso seja para vós um alimento de amor e não uma satisfação à curiosidade; procurai nela a utilidade e as consolações espirituais, antes que uma ciência supérflua e palavras eloquentes; pois o Reino de Deus não consiste em elegância de linguagem, porém na santidade da vida. Entretanto, da mesma forma que não se deve procurar com muita curiosidade esta elegância onde ela não existe, não se deve também desprezá-la onde se encontra, pois é também um dom de Deus. Recebei tudo com ações de graças e tudo será útil para vossa salvação.

Não vos perturbeis se o que lerdes ou ouvirdes não se fixar em vossa memória; assim como um vaso puro, muitas vezes regado com água, permanece isento de nódoas, embora escoe-se-lhe a água no mesmo instante que é derramada, também, da mesma forma, a água das santas doutrinas, regando a alma benévola, purifica-a e torna-a agradável ao Senhor.

O que é de mais importância para vós não é reterdes os termos, mas vos apropriardes da substância da doutrina, quero dizer, conservardes, por meio da mesma doutrina, a pureza interior e a vontade sempre pronta a cumprir os preceitos divinos.

4 Regras sobre a leitura espiritual

Aplicai somente a vós o que se diz a respeito dos vícios; seria perigoso aplicá-lo aos outros, sem necessidade. Esses juízos temerários trazem a desordem e a confusão à consciência.

Da mesma forma, quando, durante a leitura, um pensamento carnal se apresenta ao espírito, passa-se ligeiramente, sem se deter nele. Se a tentação se torna importuna, reuni, para combatê-la, todas as forças da razão; recusai vosso consentimento; fazei o sinal da cruz e dirigi a Deus vossa intenção. Por estes meios vós vos preservareis de toda mácula e de toda ferida.

Não imiteis esses que, não conservando nenhuma ordem em suas leituras, leem indiferentemente tudo o que um simples acaso lhes oferece, não apreciam senão a novidade e desprezam o que é antigo e comum, qualquer que seja a sua importância. Longe de vós uma tal inconstância: ela não faz progredir a alma, mas a dissipa; e aquele que estiver atacado dessa enfermidade corre grande perigo.

Afeiçoai-vos prudentemente a uma leitura escolhida, e habituai-vos a perseverar nela, embora pareça, às vezes, ter menos encanto. Lede com ordem, sem vos desviar nem afastar aqui e ali. Não vos fatigueis em reler o que é bom, e de relê-lo ainda.

Entretanto, no tempo da aflição e do martírio espiritual, podeis, segundo a exigência, interromper vossa leitura ordinária, para recorrer a qualquer leitura mais piedosa que vos proporcione mais consolo.

Assim como o atestam os Santos Padres, é útil passar da leitura para a meditação e, em seguida, voltar da meditação à leitura. Essa louvável inconstância, prevenindo o tédio, fortifica, renova a alma, faz com que se aplique com mais ardor a cada um de seus exercícios, que daí retire maiores frutos.

E quem vos impede que façais na leitura mesmo orações curtas e vivas, ternas aspirações a Deus? Há várias obras que podem servir para meditação e leitura igualmente, leituras nas quais conversamos com Deus[7].

5 Da oração particular, o que devemos pedir e o que devemos agradecer

Preferi sempre às orações particulares as comuns, e crede que essas são infinitamente mais úteis, embora pareçam, às vezes, insípidas e estéreis.

Perguntareis talvez o que principalmente vos deve ocupar em vossas meditações particulares. Se dais valor ao que vos digo, aconselho o seguinte: depois de haverdes acusado e implorado o perdão de vossas faltas, pedireis instantemente a Deus que mortifique vossas inclinações viciosas e vossas criminosas paixões, vos dispa de toda imperfeição e vos conceda a graça que ensina a levar com

---

7. Livros desse gênero são, p. ex., as *Confissões* de Santo Agostinho; as *Meditações* de Santo Anselmo; a *Imitação de Cristo* de Tomás de Kempis etc.

tranquilidade e alegria o fardo das tribulações e das penas. Pedireis uma humildade profunda e uma caridade ardente, suplicando ao Senhor a fim de que Ele se digne, em todas as coisas, vos dirigir, vos instruir, vos esclarecer, vos proteger. Eis, a meu ver, o que vos é mais necessário.

Mas tudo isso é tão grande, tão elevado, tão sublime, que nunca podereis atingi-lo se não perseverais assiduamente na oração. Perseverai, pois, batei todos os dias, e o Senhor enfim vos abrirá; Ele não vos recusará o pão que vosso coração deseja, e do qual tanto carece.

Guardai-vos, porém, da negligência de lhe render ações de graças pelos dons recebidos, pois nada aborrece mais o Senhor do que o esquecimento dos benefícios e a ingratidão.

E, a fim de conciliardes com maior segurança sua benevolência, orai com zelo pela Igreja, recomendando ao Senhor todos os fiéis, vivos e defuntos, e todas as criaturas racionais.

IV
A Vida e a Paixão de Nosso Senhor devem constituir o tema capital da meditação

1 Excelência e utilidade da meditação da Vida e Paixão de Cristo

Quereis saber ainda em que podeis exercitar-vos mui utilmente? Eu vo-lo direi. A salmodia, as piedosas reflexões sobre a Sagrada Escritura, a contemplação das criaturas, se as referirmos ao Criador, as orações de toda a espécie, os hinos e cânticos sagrados, as santas meditações, todas essas coisas vos serão úteis; porém, a mais útil de todas, e a única necessária, como no-lo ensinam com razão todos os mestres da vida espiritual, é a lembrança da humanidade de Jesus Cristo, e, principalmente, de sua Sagrada Paixão. Com efeito, essa lembrança é a morte das paixões e dos afetos desregrados, um refúgio sempre aberto contra a tentação, um abrigo seguro contra os perigos, um doce reconforto no infortúnio, um delicioso repouso nos trabalhos, a porta da santidade, a única estrada da contemplação; ela reprime as distrações, consola a alma aflita, acende continuadamente no coração vivas chamas de amor divino, suaviza e mitiga as adversidades; numa palavra, fonte única, donde emanam todas as virtudes, é, ao mesmo tempo, o mais perfeito modelo de toda a perfeição, o porto, a esperança, a confiança, o mérito e a salvação de todos os cristãos.

2 Do modo de meditar sobre a Paixão de Cristo

Como a alma se põe na presença de Jesus Cristo

Conheci um religioso[8] que tinha por costume propor-se, cada dia, a meditar qualquer passagem da Paixão de Nosso Senhor. Por exemplo: um dia representava-se Jesus Cristo no Jardim das Oliveiras, e durante todo o dia, para onde quer que fosse, todas as vezes que não estivesse ocupado de algum outro pensamento sério, qualquer coisa

---

8. Este religioso, cujo modo de meditar o autor descreve a seguir, foi o P. Blois mesmo.

que exteriormente fizesse, esforçava-se por fixar os olhos d'alma nos sofrimentos e agonias de Nosso Senhor no Jardim das Oliveiras, e de tempos em tempos, dirigindo-se à sua alma, falava-lhe mais ou menos assim:

"Ó minha alma, eis aí o teu Deus. Levanta os olhos, vê, considera!

Eis aí teu Deus, teu Criador, teu Pai, teu Redentor e teu Salvador!

Eis aí teu refúgio, teu apoio, teu protetor; eis aí tua esperança, tua força e tua salvação!

Eis aí aquele que te santifica, que te purifica e te aperfeiçoa! Eis aí teu socorro, teu mérito e tua recompensa!

Eis aí tua tranquilidade, tua dor e teu consolo! Eis aí tua alegria, tuas delícias e tua vida!

Eis aí tua luz, tua coroa e tua glória! Eis aí teu amor e todos os teus desejos!

Eis aí o teu tesouro e toda a tua riqueza! Eis aí o teu princípio e o teu fim! Ó minha alma! até quando serás tu errante e vaguearás ao acaso? Até quando abandonarás a luz e amarás as trevas? Até quando fugirás à paz para mergulhar-te no tumulto e no turbilhão?

Volta, volta, ó Sunamita, volta, minh'alma; entra em ti mesma; deixa tudo, não te apegues senão a uma só coisa, pois uma só coisa é necessária.

Permanece com teu Deus; aproxima-te de teu Salvador; não te afastes de teu mestre. Repousa-te à sombra daquele a quem amas, a fim de saborear a doçura do seu fruto.

É bom que aqui fiques, ó minha alma; inimigo algum se teme aqui; aqui nada de ciladas, de perigos, de trevas; tudo é seguro, tudo é sereno. Permanece aqui, tu te sentirás livre, tranquila, cheia de contentamento e de alegria.

Vê essas rosas, esses lírios, essas violetas! As flores de todas as virtudes que exalam os seus perfumes; aqui um doce resplendor derrama em toda a parte os seus raios; tu acharás aqui as verdadeiras consolações, a paz, o repouso e todos os bens."

Por meio dessas curtas e ardentes apóstrofes, ele excitava sua alma com energia e com doçura; fazia-lhe recordar-se de si mesma e a impedia de peregrinar no exterior, forçando-a a ocupar-se do supremo bem. Variava mais ou menos essas espécies de entretenimentos, e, às vezes, limitava-se a um só, outras a dois ou três, segundo o ardor de sua devoção e o bel-prazer do Espírito Santo; as mais das vezes repetia as mesmas palavras, e as repetia ainda.

O que há de fazer a alma na presença de Jesus atormentado

Outra ocasião representava à sua alma o que o Salvador fez e sofreu por ela no Jardim das Oliveiras; excitava-a ora a contemplar a humildade profunda, a doçura, a paciência, a ardente e incompreensível caridade deste divino Salvador; ora a comover-se de compaixão, à vista da Soberana Majestade curvada, gemendo, sob o peso da aflição e da dor; ora a render-lhe graças por tantos benefícios e tanto amor; ora a corresponder a esse amor por um amor terno e fiel; ora a implorar o perdão de suas faltas; ora a solicitar tal e tal graça.

Suspiros d'alma

Muitas vezes o seu coração, opresso pela multidão de sentimentos, exalava-se em vivas e afetuosas aspirações, tais como as que se seguem ou semelhantes:

"Ó minha alma, quando estarás disposta a humilhar-te diante de teu Senhor? Quando imitarás a sua mansidão? Quando verás brilhar em ti uma apagada imagem de sua paciência?

Quando, tornando-te melhor, serás livre de tuas paixões e inclinações viciadas? Quando morrerá em ti a raiz de todo o mal? Quando se apagarão em ti todas as nódoas do pecado?

Quando suportarás em paz, com amor, a tribulação e as provas? Quando amarás teu Deus como Ele quer ser amado? Quando te afeiçoarás inteiramente a Ele? Quando serás toda inteira absorta em seu amor?

Quando te oferecerás a Ele, pura, simples, desapegada de tudo, numa santa nudez? Quando gozarás sem obstáculo de suas castas carícias?

Oh! se tu fosses sem mácula! se tu amasses ardentemente a teu Deus! se estivesses inseparavelmente unida a teu supremo bem!"

Suspiros pelo céu

E dirigindo ao céu, ao abismo da eterna luz, os olhos do coração, exclamava:

"Ó minha alma! onde está teu Deus? Onde está o teu amor, o teu desejo, o teu tesouro e toda a tua riqueza? Onde está o teu Deus?

Quando te será dado habitar com Ele, gozar de sua vista encantadora, e inebriar-te de suas delícias? Quando o louvarás livremente, com os habitantes do céu?"

Desta forma exprimia-se ele, às vezes somente de coração; outras, com o coração e com os lábios, multiplicando mais ou menos essas aspirações, segundo a inspiração interior do Espírito Santo.

Afetos de confiança em Deus

Às vezes acusava a sua alma, triste e miserável, de sua dureza, de sua insensibilidade e de sua ingratidão. Depois, quando estava abatida pelo temor e sentimento de sua indignidade, ele alentava-a e animava-a:

"Não te desesperes, minha alma! Consola-te, tem confiança, querida. Se pecaste e recebeste algum ferimento, eis aí o teu Deus, o teu médico, pronto a curar-te.

Ele é bastante poderoso para te poder perdoar num momento todos os teus pecados, e bastante bom e misericordioso para querer fazê-lo.

Tu te amedrontas, talvez, por ser Ele o teu juiz, mas respira, minha alma, pois se é o teu juiz, é também o teu defensor. Ele é teu defensor para desculpar-te e justificar-te, se tu te arrependes; Ele é teu juiz, não para condenar-te, mas para salvar-te, se te humilhas.

Sua misericórdia é infinitamente maior que tua iniquidade. E digo isso não para que, permanecendo no crime, tu te tornes indigna de sua misericórdia; mas a fim de que, afastando-te do mal, não te desesperes de sua clemência e de seu perdão.

Teu Deus é a doçura, a mesma suavidade; o que amar, o que desejar senão a Ele? Ele é cheio de ternuras para com todas as obras de suas mãos. Quando, pois, pensas nele, rejeita para bem longe todo sentimento de terror, toda ideia de severidade e de amargura.

Se o dizem terrível, não é que seja tal em si mesmo; Ele não é terrível senão para aqueles que, abusando de sua paciência, adiam o seu arrependimento, para aqueles cujos crimes repele e pune, os crimes infames e odiosos, que ofendem a sua bondade, tão doce e tão pura.

Não te entristeças com demasia de tua imperfeição; teu Deus não te despreza por seres imperfeita e enferma; mas ama-te, porque aspiras e trabalhas a fim de deixar de sê-lo. Mais ainda, Ele ajudará a tua perseverança; Ele te fará muito mais perfeita do que nunca ousaste sequer esperar, e, ornada por sua mão, tua beleza será sem igual, como sua ternura."

Assim, e de mil outras maneiras, ele entretinha-se com sua alma; e, por meio de castas exortações, excitava nela o puro amor de seu bem-amado.

Súplicas fervorosas a Cristo para ser livre de todo amor-próprio

Dirigia-se, outras vezes, ao Senhor, e elevando-se a Ele por santos desejos, dizia:

"Bom Jesus, terno Pastor, meu doce Mestre, Rei da eterna glória, quando aparecerei sem mácula e verdadeiramente humilde diante de vós?

Quando desprezarei profundamente todas as coisas sensíveis, por vossa causa? Quando serei perfeitamente desapegado de mim mesmo e de todo amor-próprio? Pois, se não tivesse mais nenhum apego, não existiria em mim vontade própria; não seria mais escravizado às paixões e afeições desregradas; não procuraria mais o meu *eu* em coisa alguma.

O amor-próprio interpõe uma barreira entre mim e vós, ele tão somente impede-me de ir a vós. Quando, pois, estarei despojado de todo amor-próprio?

Quando, pois, me abandonarei livremente e sem reserva à vossa divina vontade? Quando vos hei de servir com o espírito puro, simples, tranquilo, sereno?"

Suspiros de amor a Jesus

Quando vos hei de amar perfeitamente? Quando minha alma, recebendo-vos no seu íntimo, se unirá deliciosamente ao seu bem-amado? Quando me arremessarei para vós, por ternos e ardentes desejos? Quando minha tibieza e minha imperfeição serão sepultadas no abismo de vosso amor?

Ó meu Deus! minha vida, meu amor, meu desejo! ó meu tesouro! meu bem! ó meu princípio e meu fim! Minha alma suspira por vossos deliciosos amplexos; ela definha-se, desfalece no ardor de unir-se a vós, de ser presa intimamente a vós pelo vínculo tão doce de um amor indissolúvel! "Que procuro no céu? E que desejaria possuir sobre a terra? Ó Deus do meu coração, Deus que sois a minha herança por toda a eternidade!" (Sl 72,25).

Oh! quando cessará de uma vez para mim barulho do mundo? Quando serei inteiramente livre dos impedimentos, das preocupações e vicissitudes do século? Quando terminará a minha peregrinação, o triste cativeiro desta terra de exílio?

Quando verei declinar a sombra da mortalidade e brilhar a aurora do eterno dia? Quando, felizmente, livre do fardo do corpo, gozarei de vossa vista, e vos louvarei eternamente, sem obstáculos, com vossos santos? Ó meu Deus! ó meu amor! ó todo o meu desejo! ó todo o meu bem!

3 Vantagem dos afetos, e do modo de os excitar

Ele usava frequentemente de semelhantes aspirações, sabendo que, por esse exercício, o espírito do homem une-se mais eficazmente ao Espírito Santo, e que não há caminho mais curto para atingir-se uma completa abnegação de si mesmo. Em toda a parte e sempre ocupava-se dessas aspirações, e quando tinha mais tempo, assentando-se, a exemplo de Maria Madalena, aos pés de Jesus, gostava de demorar-se mais longamente, e com maior liberdade; e fazia isto menos pelo prazer que aí gozava que pela honra e glória de Deus, que ele, entretanto, não descuidava de adorar, bendizer, e de orar com uma viva efusão de coração, e uma afeição doce e sincera.

Muitas vezes também, dirigindo-se à Santíssima Virgem, Mãe de Deus, como a uma mãe cheia de ternura e misericórdia, e como à generosa dispensadora dos tesouros celestes, enviava-lhe doces queixumes, e implorava, com uma santa importunidade, as suas bênçãos.

Outro dia, propunha-se, como assunto de seus exercícios, Jesus prisioneiro e traído por Judas. Desta forma, meditava, por ordem, toda a Paixão; e, quando terminava, recomeçava.

Daquela parte da Paixão, porém, que nos apresenta Cristo suspenso na cruz, não se ocupava somente um dia, e quando chegava a sua vez; todos os dias sentia-se para isso atraído e meditava alguns instantes esse profundo mistério de amor; representava-se as agonias, as lívidas feridas e as dores de Jesus crucificado; considerava suas sagradas chagas e o precioso sangue que delas derramava, como de uma fonte; e excitava sua alma a aprofundar-se nesta contemplação.

Nas solenidades do Salvador e de Maria Santíssima, o assunto e o mistério da festa ocupavam, se ele julgava conveniente, em seus exercícios interiores, ou em seus colóquios com sua alma, a parte da Paixão de Nosso Senhor que deveria ocupá-lo neste dia. Sentia-se também muito feliz em cantar os salmos.

Sei que esse mesmo religioso, após um longo uso dessa santa prática, colheu de seu trabalho uma grande consolação e excelentes frutos. Eu vos propus um exemplo: se ele vos agrada, imitai-o. Por ele aprendereis a refletir sem cessar na presença de Deus, a ser sóbrio, vigilante, mortificado, sereno; por ele iniciareis vosso caminho às sublimes alturas da contemplação e da perfeição a mais elevada; por ele, quero dizer, banindo de vosso coração os pensamentos vãos e levianos, e substituindo-os por pensamentos sérios, empregareis o tempo utilmente em qualquer lugar onde estiverdes.

Nada se opõe a que useis, em vossas meditações e aspirações, de palavras diversas das que acabo de transcrever. Se percebeis que o uso do livro impede vossa alma de elevar-se e de unir-se a Deus, deixai-o de lado; se, pelo contrário, o seu uso vos apoia e vos sustenta em vossos exercícios, tomai-o então. Desejo que vossa devoção seja livre e que sigais a graça do Espírito Santo, sem inquietação e sem ansiedade. Aliás, por aspirações entendemos, como pudestes observá-lo nos exemplos precedentes, curtas orações jaculatórias, desejos inflamados, vivos e amorosos arroubos da alma a Deus.

4 Método deste exercício para os principiantes

Entretanto, esta forma de exercício não convirá talvez em tudo, nos princípios, a quem não tem ainda o hábito das conversações interiores e da própria mortificação; será bom, porém, que ele se exercite da seguinte maneira:

Cada dia propor-se-á também à meditação alguma passagem da Paixão de Nosso Senhor; e, esteja ele de pé, assentado, andando ou em repouso, esforçar-se-á por conservá-la presente ao espírito, a menos que seja seu dever ocupar-se de alguma outra coisa útil e necessária; e, de quando em vez, entreter-se-á assim com sua alma, em presença de Jesus Cristo moribundo.

Exortação da alma a pôr-se na presença de Cristo

Ó minha alma! eis o teu Deus: vê, considera, alma ingrata, alma miserável! Pobre alma, eis o teu Deus, eis o teu Criador e teu Redentor!

Eis como o Rei da eterna glória humilhou-se por ti; eis como abaixou-se por ti sua alta e soberana majestade! Vê quanta tristeza, quantas indignidades, quantas amarguras! Por ti o Salvador tudo suportou. Oh! compreende, se é possível, de que amor Ele te amou, aquele que consentiu em sofrer por ti tantas dores e tantas agonias!

Exortação a sacudir o jugo dos pecados

Sacode, sacode teu pó, ó minha alma! Filha de Sião, quebra os grilhões do cativeiro! Levanta-te, sai do lodaçal de teus vícios, sai da lama de uma vida negligente. Quanto tempo permanecerás nos maiores perigos? Quanto tempo preferirás os tormentos e ansiedades ao repouso? Quanto tempo adormecerás tranquilamente no abismo da perdição? Quanto tempo abandonarás, por tua culpa, o caminho reto, para errar ao longe, nos lugares desertos?

Torna ao Senhor teu Deus, que te espera; apressa-te; não tardes; ei-lo pronto a receber-te. Ele virá ao teu encontro, os braços abertos: somente não demores em voltar. Aproxima-te de Jesus, Ele te curará e santificará; prende-te a Jesus, Ele te esclarecerá; une-te a Jesus, Ele te abençoará e te salvará.

Acusação de si mesmo em vista dos grandes benefícios recebidos de Deus

Algumas vezes o principiante na vida espiritual repreenderá sua alma com maior energia, mostrando-lhe a sua perversidade e extrema ingratidão:

"Ó minha alma, quanto foste ingrata para com teu Deus! Ele te cumulou de preciosos e inestimáveis benefícios, e sempre lhe retribuíste o mal pelo bem.

Criada por Ele à sua imagem e semelhança, dotou-te com a imortalidade; pôs à tua disposição o céu, a terra e tudo o que encerram; adornou-te de suas graças e de seus dons; conduziu-te à luz da fé católica; sua mão paternal, arrancando-te das ondas perigosas do mundo, deu-te entrada no tranquilo porto de um santo retiro, onde florescem, como num paraíso de delícias espirituais, as alegrias santas, e onde te proporcionou mil ocasiões de fazer o bem. Teus crimes não puderam cansar sua longanimidade; Ele preservou-te dos abismos do inferno.

O Rei dos reis encarnou-se por ti; teu Criador fez-se teu irmão; e para o seu amor não é bastante o ter nascido por ti, por ti quis ainda sofrer.

Por ti foi acabrunhado de tristeza e de agonias; por ti foi traído e preso; por ti foi carregado de cadeias e de ultrajes, coberto de escarros, escarnecido, desprezado, lacerado pelos golpes da flagelação; por ti o Mestre adorável foi magoado por bofetadas e coroado de espinhos; por ti foi ferido com a cana e desfaleceu sob o peso da cruz; por ti seus pés e suas mãos foram traspassados por cravos, e sua boca saciada com vinagre; por ti derramou seu sangue precioso; por ti morreu e foi sepultado.

Adotou-te por herdeira do reino celeste, prometendo-te o que os olhos nunca viram, o que os ouvidos nunca ouviram, e o que o coração nunca saberá compreender (1Cor 2,9)".

Confissão da própria ingratidão

Tu, porém, em vez de lhe renderes graças por tantos benefícios, em vez de reconheceres tanto amor, tu o abandonaste e desprezaste; tu te isentaste do seu temor; tu sacudiste o jugo amável daquele que te havia escolhido.

Tu te tornaste qual filha de Belial, semelhante a uma cortesã decaída, tu te entregaste sem pudor à iniquidade. Tu fizeste um pacto com a morte e "contraíste aliança com o demônio" (Is 28,18).

Sempre pronta para o mal, tu acumulaste crime sobre crime, e te alegraste em acrescentar a uma última culpa outra culpa maior. Teus crimes crucificaram novamente a Jesus Cristo, que te havia escolhido por esposa, e renovaram todas as suas chagas.

Detestação e contrição dos pecados

Oh! quem te dará suspiros e gemidos, quem te dará uma fonte de lágrimas, a fim de chorares noite e dia a tua ingratidão! Ó infeliz! E que farás tu?

Oh! se tivesses conservado tua inocência, se tivesses permanecido sem mácula, se não te houvesses miseravelmente mergulhado na ignomínia! Se não tivesses abandonado o teu Deus!

Mas tu perdeste tua inocência, tu te cobriste de nódoas e de opróbrios, tu te afastaste de teu Deus!

Ó infeliz! E que farás tu? Em quem te refugiarás? De quem esperarás socorro? De quem, senão daquele mesmo a quem ofendeste?

Ele é cheio de ternura, de bondade, de misericórdia. Humilha-te, prostra-te, derrama-te como água em sua presença (Lm 2,19), e Ele terá compaixão de ti.

Súplica fervorosa a Cristo para obter perdão

Outras vezes também dirigirá ao Senhor mesmo as suas queixas:

"Senhor Jesus! que fiz eu? Como vos abandonei e desprezei? Como esqueci o vosso nome?

Como rejeitei o vosso temor? Como calquei aos pés vossa lei e transgredi vossos preceitos?

Ó meu Deus! meu Criador! meu Salvador! minha vida e todo o meu bem!

Infeliz de mim, miserável! Infeliz de mim, porque pequei! Infeliz de mim, porque tornei-me semelhante aos irracionais, porque tornei-me qual bruto animal sem razão!

Ó meu Jesus! Terno Pastor! Ó meu doce Mestre! Socorrei-me; alentai vossa ovelha abatida; estendei vossa mão àquele que vacila.

Apagai minhas culpas, curai minhas chagas, fortificai minha fraqueza, salvai-me, que pereço!

Eu o confesso, sou indigno de que a terra me suporte; sou indigno da luz; sou indigno do auxílio de vossa graça, pois minha ingratidão foi grande, assim como a maldade de meus pecados.

Entretanto, vossa misericórdia é ainda maior. Tende, pois, piedade de mim, ó Deus que amais os homens! Ó minha derradeira esperança, 'tende piedade de mim, segundo a grandeza de vossas misericórdias; e, na multidão de vossas bondades, apagai minha iniquidade' (Sl 50,3)."

Às vezes, o principiante contrito, curvando os joelhos diante do Senhor, como por um movimento espontâneo, dir-lhe-á ternamente: "Senhor, se quiserdes, podereis curar-me" (Mt 8,2); ou: "Jesus, Filho de Davi, tende piedade de mim" (Mt 15,22); ou então, ainda: "Senhor, socorrei-me" (Mt 15,25).

Ele abrirá igualmente seu coração diante da Virgem Maria, mãe do Senhor; diante dos santos e das santas de Deus, solicitando humildemente sua intercessão.

V
Do modo de examinar-se e de expiar os pecados

1 Da purificação da alma pelo exame e arrependimento

Todos os dias, ou pelo menos mui frequentemente, o principiante na vida espiritual aproveitará a ocasião de recolher-se em si mesmo e, com profunda humildade e firme resolução de se corrigir, repassará detalhadamente e confessará diante do Senhor os pecados de sua vida passada, mormente os que ofendem com maior gravidade a bondade divina. Entretanto, não se demorará indiscretamente no que diz respeito aos pecados da impureza, temendo que a recordação de um pecado antigo reproduza um outro, excitando um deleite criminoso.

Confessando desse modo e detestando suas faltas com o coração vivamente emocionado, com a sincera compunção, afligir-se-á menos de se haver exposto aos suplícios eternos, que de ter sido ingrato para com Deus, seu Criador, e ultrajado o mais terno dos pais.

Quanto a esses piedosos gemidos e a essas humildes queixas, como já demos alguns exemplos, não se prenderá em diversificá-los; porém, entre os que mais lhe convier escolherá alguns, sem mesmo fazer atenção a nenhuma ordem. Se se limita a uma, duas ou três fórmulas, e seu coração as repete consecutivamente e em todo o lugar, fará bem; mas se preferir variá-las mais vezes, fará melhor ainda.

Queremos que o discípulo da perfeição cristã proceda livremente, segundo o atrativo de sua devoção, e que em tudo evite a confusão e a perplexidade. Conheci alguém que, unindo às suas ocupações exteriores castos entretenimentos sobre a Paixão de Jesus Cristo, gostava de repetir essas vivas aspirações ou outras semelhantes:

"Ó meu bom Jesus! ó terno Pastor! ó meu doce Mestre! Bom Jesus, tende piedade de mim; terno Pastor, dirigi-me; meu doce Mestre, instruí-me; Senhor, socorrei-me".

Comprazia-se nessas humildes orações, e não se cansava de repeti-las, exprimindo os mesmos sentimentos por palavras diferentes, conforme seu coração lhe inspirava. Mas, quanto a isso, como já o dissemos, nosso jovem discípulo seja livre.

Poderá ainda, se quiser, excitar-se à compunção e à vigilância, pela consideração da morte, do purgatório, do juízo, do inferno e da felicidade celeste. Essas espécies de meditações, quando fazem nascer um temor generoso e dispõem ao amor de Deus, são agradáveis ao Senhor, e muito próprias para purificar a alma. Mas quando não produzem senão um temor baixo e servil, então não se obtém quase nenhum proveito.

O temor filial nos faz recear o pecado, temendo ofender um Deus tão bom, e perder a graça e a doçura de sua familiaridade; pelo temor servil receamos fazer o mal por causa do castigo e do suplício. Entretanto, é bom abster-se do mal pelos motivos de um temor servil, contanto que não nos estacionemos nesse temor, mas que ele nos sirva de degrau para nos elevarmos a um temor generoso.

2 Uma meditação sobre as alegrias da pátria celestial

Meditando a glória eterna, o principiante entreter-se-á consigo mesmo, mais ou menos assim:

"Oh, quão feliz é a celeste Jerusalém! Seus muros são construídos de pedras preciosas, suas portas resplandecem com o brilho das pérolas, as ruas são cobertas do ouro mais fino[9], flores sempre viçosas e frescas adornam seus jardins; lá, um eterno brado de felicidade, cânticos perpétuos de alegria, hinos de triunfo e de contentamento ressoam e renovam-se consecutivamente no meio do concurso dos santos e da inefável doçura dos mais suaves perfumes; lá, uma paz e um repouso que excede a todo sentimento, uma calma, uma serenidade que o espírito do homem não saberia compreender; lá, um eterno dia resplandece, as almas todas não fazem senão uma só alma, todos os corações, um só coração; uma doce segurança, um contentamento puro, uma felicidade tranquila, uma alegria deliciosa aí reinam sem cessar; 'os

---

9. Tal é a ideia magnífica que nos dá o apóstolo São João da Jerusalém celeste, no Apocalipse. Vê-se amplamente nesse livro, em que tudo é místico e figurado, o esplendor do ouro e das pedrarias figurar um outro esplendor; e essas riquezas materiais figurarem outras riquezas bem mais preciosas, criadas para, muito mais, excitar nossos desejos. A visão clara da Divindade, o gozo íntimo de suas perfeições, eis o que completará eternamente a felicidade dos eleitos, o que arrebatará eternamente suas almas, o que fará nascer nelas incompreensíveis transportes que se renovarão sem cessar, porque sem cessar o Ente infinito lhes há de oferecer novos assuntos de admiração e de amor: "Não, os olhos nunca viram, os ouvidos nunca ouviram, o que Deus reserva àqueles que o amam" (F. de Lamennais).

justos aí resplandecerão como o sol no reino de seu pai'" (Mt 13,43).

Oh, que arrebatamento de se confundir entre os coros dos anjos, em perpétua união com os patriarcas e os profetas, com os santos apóstolos e os mártires, com os confessores e as virgens, com a gloriosíssima Virgem Maria, Mãe de Deus! Lá, nada de temores, nada de tristeza, nada de frieza, de fadiga, de angústias. Lá, nada de trabalhos para suportar, de obstáculos para vencer, de desgostos, de necessidades.

Oh! quanta riqueza de consolação! Quanta afluência de delícias! Que superabundância de alegrias! Que puros deleites de ver essa luz sem limites e soberanamente amável, essa glória indizível da altíssima Trindade; de ver o Deus dos deuses sobre a montanha de Sião; de vê-lo, não mais velado, porém, face a face; de contemplar a humanidade gloriosa do Filho Unigênito de Deus!

Se o espetáculo desse céu visível, se a claridade cintilante das estrelas, o esplendor radiante do sol, a refulgente brancura da lua, a luz brilhante do dia, se tudo é tão encantador; se é tão doce admirar o elegante adorno e as cores gentis dos pássaros, das plantas e das flores; se o canto do rouxinol e da cotovia, se a melodia dos instrumentos para nós têm mil encantos; se se respira com tanto deleite o odor das rosas e dos lírios, os aromas e os perfumes; se o sabor das frutas diversas deleita o nosso paladar, se, digo, todas essas coisas nos proporcionam alegrias tão vivas, de que torrente de delícias nossa alma não será inundada, quando contemplar sem nuvem essa beleza imensa, que é a fonte donde dimanam toda a beleza e doçura das criaturas!

A primavera, aformoseando com nova graça e com admirável adorno o céu, a terra, as árvores e toda a natureza, oferece-nos ainda uma imagem da ressurreição e da felicidade eterna; contudo, entre a imagem e a realidade, a diferença é maior que entre as trevas duma noite escura e o esplendor do sol a pino. Feliz, por conseguinte, duas vezes feliz a celeste Jerusalém, onde se encontra tudo o que possa agradar, e de onde é banido todo o desgosto; onde a felicidade dos que a habitam é louvar, pelos séculos dos séculos, o Deus todo-poderoso!"

Entretendo-se dessa forma o principiante das alegrias e da felicidade da Cidade celeste, aprenda ele a amá-las e desejá-las, não tanto pelo seu próprio proveito, como para honra e glória de Deus.

Todavia, essas meditações puras e desinteressadas sobre a vida eterna serão mais fáceis e mais convenientes a quem já fez progressos nos caminhos interiores do que àquele que é ainda principiante na prática da mortificação, ainda habituado a procurar-se mais a si mesmo do que ao próprio Deus.

3 Quanto tempo se há de empregar na expiação dos pecados

Este último se exercitará com perseverança, do modo que acabo de expor, durante um mês, três meses, seis meses, ou mesmo durante um ano inteiro e mais, se for necessário, isto é, até que sinta o desprezo do mundo e de si mesmo, e o ardor de adiantar-se na vida espiritual e nela crescer e fortificar-se. Alguns aperfeiçoam-se mais facilmente, outros menos; há outros que, prevenidos pela bondade liberalíssima do Senhor, em um momento se renovam.

Poderá fazer também uso de orações diferentes, de ações de graças, de cânticos de louvores: todavia, sua principal ocupação será a de procurar as suas faltas e de afligir-se por sua causa com moderação. Se seus olhos não têm lágrimas para chorar, que ele não se perturbe por esse motivo, pois o arrependimento e o horror do pecado são as lágrimas do coração.

Desde que, por uma contrição amarga e por lágrimas salutares tiver, ao menos em parte, reestampado em si a imagem de Deus, então, cheio de maior confiança, poderá utilmente exercita-se segundo o método que tracei acima, elevando-se com humildade ao celeste Esposo, e preparando-se com fervor a gozar de sua familiaridade.

Mas enquanto subsistirem sua fragilidade e tibieza, aplicar-se-á em nutrir em si o fogo do amor divino por meio de uma séria meditação da Encarnação e da Paixão do Unigênito Filho de Deus, e conversará suavemente com sua alma sobre esse assunto.

Abrasado por essa meditação, breve passará à oração e às inspirações, a fim de unir-se ao sumo bem, objeto único de todos os seus desejos.

Se assim continua a exercitar-se frequentemente no amor de Deus, em pouco tempo alcançará, por um simples movimento da alma, e sem nenhum esforço, separar-se das criaturas, excluí-las de sua imaginação, e abismar-se inteiramente na doçura do divino amor.

Então, na prática da penitência, ser-lhe-á menos necessário recordar-se diante do Senhor de todos os pecados de sua vida passada e prender-se com extremo cuidado nessa procura. Essa atenção inquieta constrangeria sua liberdade e resfriaria o ardor de sua afeição para com Deus: fará melhor em dirigir amorosamente seu coração a Deus mesmo e detestar tudo o que possa separá-lo dele.

Não queremos dizer, entretanto, que deixe apagar-se de sua memória, por negligência, os pecados que pode haver cometido, mas queremos que deles se recorde, de modo que essa lembrança não seja um obstáculo para um bem maior; eis por que confessará todos os dias suas faltas a Deus, antes de um modo sumário que pormenorizado.

Certamente que um sentimento vivo de amor de Deus é muito mais eficaz para apagar as faltas leves que a consideração muito prolongada dessas mesmas faltas e o rigor da penitência que nos imponhamos a nós mesmos. É preciso mergulhá-las no abismo da divina clemência, a fim de que se apaguem como uma fagulha no oceano.

Fará também esforços a fim de expulsar do seu coração os temores excessivos, os escrúpulos exagerados de uma consciência por demais tímida, as perplexidades e as desconfianças; pois, se não se apressa em cortá-las, como plantas parasitas, elas sufocam, abafam, de diversos modos, a alegria e a paz da alma, e prejudicam muito o adiantamento espiritual.

4 Como se hão de tomar em consideração as próprias forças

Finalmente, contente de sua sorte, o principiante nada empreenderá acima de suas forças. Se não puder elevar-se tão alto quanto desejara, pelo menos procurará subir tanto quanto lhe for possível. A menos que não se lisonjeie criminosamente a si mesmo, reconhecerá facilmente que ponto poderá atingir.

E por que não o atingiria, ajudado e socorrido pela bondade divina, dessa bondade tão grande, tão liberal? Por toda a parte onde ela encontra um coração bem-disposto, aí derrama-se em abundância.

Que aquele, pois, a quem até esse momento não foi dado ainda elevar-se até a sublime altura da contemplação e da caridade perfeita, se convença de que não está suficientemente preparado para receber um favor tão grande. E de que lhe serviria uma graça da qual não fizesse bom uso? Que trabalhe para tornar-se digno, arrancando de seu coração a raiz de todos os vícios, sem, contudo, como já o disse, nunca exceder suas forças.

Que nunca tente, por impaciência, antecipar a graça de Deus, mas que a siga com humildade; que nunca force impelir violentamente sua alma, onde ela não pode ainda atingir, temendo que se precipite, por sua própria violência, no abismo, e, todo magoado por sua queda, acarrete o castigo de sua temeridade.

Que nunca se presuma indiscretamente de si próprio, mas que tenda à perfeição por constantes e regrados esforços, não com uma impetuosidade cega e um desassossego cheio de inquietação.

Pacientemente deverá esperar a medida da graça que se lhe concede, e recordar-se que, com mais facilidade e mais depressa, com muito mais segurança e melhor êxito, conseguirá o último grau da contemplação, isto é, a inteligência da teologia mística, deixando-se, por assim dizer, arrastar unicamente pela graça de Deus, do que consumindo-se de trabalho para atingi-la por si mesmo.

Que em tudo guarde a discrição e a medida conveniente, receando que o excesso mesmo de seus desejos ponha obstáculo a seu desfecho.

5 Da moderação do zelo

O pão das lágrimas é doce e salutar; alguns, entretanto, mais depressa sobrecarregam suas almas deste pão, que dele as alimentam; abandonam-se ao pranto durante tanto tempo, com uma agitação tão violenta, que os seus espíritos e os seus corpos, esgotados pela contenção e o cansaço, sucumbem à duração deste exercício.

Contudo, estamos longe de negar que, por um uso discreto e pela assistência do Espírito Santo, algumas almas privilegiadas possam prolongá-lo utilmente. Algumas há que, quando Deus as inebria com a torrente de sua doçura, excitam-se fora de propósito a maiores transportes, e não cessam de se atormentar indiscretamente, até que, feridas e confusas, caem em si mesmas, incapazes de provar, no futuro, da doçura da graça.

É preciso, pois, sempre regular o fervor, ou o movimento interior, de modo que a alma seja fortalecida, e não acabrunhada.

Aqueles que são dotados de uma grande força mental podem, de tempos em tempos, abandonar-se com mais ardor a fervorosas aspirações; mas os que têm o espírito fraco e que ainda contribuíram para aumentar essa fraqueza por sua indiscrição, toda a reserva para os seus exercícios seria pouca.

Algumas vezes um pequeno movimento de compunção, uma curta meditação, uma simples leitura os esgota e acabrunha. Tais são os deploráveis efeitos da indiscrição.

Todavia, os que se acharem abatidos por essa triste impotência não se desesperem, mas procurem por todos os meios curar-se; peçam com humildade ao Senhor os bens que miseravelmente desperdiçaram.

Se Deus os ouve, enfim, rendam-lhe graças; se Ele rejeita suas orações, bendigam-no ainda, e aprendam a suportar pacientemente, segundo sua vontade e por seu amor, os males que atraírem sobre si mesmos.

6 Da constância nos exercícios piedosos

Um outro perigo escolhi, não menos perigoso a evitar, para o homem interior: é a inconstância e a despreocupação. Que após ter escolhido os exercícios que lhe parecerão os melhores, neles persevere, embora se tornem menos agradáveis. Contudo, não deverá seguir nisto sua vontade própria, mas a do Espírito Santo; pois o Espírito Santo parece como que convidar, de diversas maneiras, e introduzir, por diversos caminhos, a alma humilde e pura, no tálamo do Esposo celeste, e no celeiro da abundância, onde o inebria com a voluptuosidade do vinho delicioso do divino amor. Estejamos atentos à sua inspiração a fim de segui-la em tudo, logo que se fizer sentir, renunciando a todo o amor-próprio[10].

---

10. Sem dúvida já terão observado por quantas vezes o autor insiste sobre este preceito, o mais importante talvez, como o mais difícil a praticar entre todos os preceitos da vida espiritual. "Ide", disse Jesus Cristo ao jovem que lhe perguntara por que meio poderia chegar à perfeição, "ide, vendei todos os vossos bens, dai o produto aos pobres, depois vinde e segui-me". "Ora", acrescenta o evangelho, "este mancebo, ouvindo estas

Eis por que o verdadeiro asceta, obedecendo a todas as inspirações do Espírito Santo, se deixará conduzir por ele como um instrumento dócil. Se, atraído por este espírito todo-poderoso às altas contemplações, é transportado e conduzido por ele ao seio do sumo bem, que nele se mergulhe livremente, todo inteiro; e se a Paixão de Jesus Cristo ou qualquer outra meditação se lhe apresenta neste momento, não se detenha aí[11], mas

---

palavras, se foi cheio de tristeza, porque possuía grandes bens". Todo o homem é representado neste mancebo; todo o homem, mesmo o mais piedoso, é apegado às criaturas por mil laços secretos dos quais não sente a força senão quando tenta quebrá-los; porém, acima de tudo, ele se tem em grande conta por um amor-próprio indestrutível que, sempre combatido, revive sempre; que se mistura em todas as suas ações, mesmo nas mais santas; que escurece os seus pensamentos, mesmos os mais puros. Eis os *grandes bens* dos quais é tão difícil a *renúncia*: estão de tal maneira unidos à nossa própria substância que nunca poderíamos separá-los sem grande violência; a alma, ferida no mais fundo do seu âmago, estremece e se restringe. E, entretanto, não deve haver alternativa: é preciso operar este golpe ou ver-se a si mesmo cortado do número dos discípulos de Jesus Cristo. A salvação é a este preço. O que fazia dizer os apóstolos: "Quem se salvará então?" Mas aí *não tinham ainda recebido o Espírito*; não conheciam o poder da graça; e é àqueles que hoje mesmo duvidam do seu poder que Jesus Cristo responde como aos apóstolos: "Este sacrifício é impossível ao homem, mas a Deus tudo é possível" (F. de Lamennais).

11. Porque seria neste caso contrariar a graça do Espírito Santo que, nestas ocasiões extraordinárias, eleva a alma a uma tal altura, oferece à sua vista objetos tão ignorados e tão arrebatadores que a alma não tem forças senão para amar e contemplar, contemplar e amar ainda. Mas afora esses momentos, aliás mui curtos, a Paixão do Salvador e sua sagrada humanidade devem ser, como já dissemos, o assunto capital de nossas meditações. Afigurar-se que existe coisa mais perfeita seria um erro perigosíssimo (F. de Lamennais).

desembaraçado de todo e qualquer pensamento, voará para onde o atrai o Espírito.

Logo que vague na indecisão da dúvida, ignorando de que maneira deva prosseguir no que começou, recorra então aos conselhos de homens prudentes, humildes e experimentados; pois ser--lhe-á muito mais vantajoso agir deste modo que confiar-se em si próprio e conduzir-se por suas próprias ideias.

Não negligencie tampouco em recorrer ao grande, ao universal remédio, a oração, pedindo humildemente a Deus que se digne, em todas as coisas, dirigi-lo e esclarecê-lo, temendo que, seduzido por uma falsa aparência, tome o erro pela verdade.

Além de tudo, recordar-se-á sempre de que não poderá jamais ocupar-se inteiramente de Deus, senão quando seu coração for inteiramente livre e desapegado de tudo o que não seja por Ele.

VI
Adiantando-se na vida espiritual, tem-se frequentemente que lutar contra as tentações e as afeições interiores

1 Da privação do consolo interior e da graça sensível

Eis, meu irmão, a ordem que deve seguir, em seus exercícios espirituais, aquele que aspira a uma vida mais pura, a uma vida eminentemente santa. Depende de vós agora pordes em prática esses conselhos e não somente limitar-vos a ouvi-los e a lê-los.

Se assim procederdes, esclarecido interiormente pela graça celeste, o canto dos salmos e o ofício divino se tornarem para vós deveres agradáveis e doces, então "não vos eleveis em vossa sabedoria, mas temei" (Rm 11,20). Pois, embora corrais durante algum tempo, com o coração dilatado e cheio de alegria, no caminho dos preceitos de Deus, todavia não fostes vós, mas Deus, quem dilatou o vosso coração; e aquele que o dilata, retirando sua graça, poderá permitir que ele novamente se contraia. O sol da justiça brilhou sobre vós, serenou vossa alma e dissipou as trevas que a obscureciam: mas quem poderá impedir que ele se esconda, se ele quer se esconder? Estejamos preparados, porque ele se esconderá, e, perdendo sua luz amável, vossa alma recairá nas trevas e nas angústias.

Não sei ainda que negras tempestades, excitadas pelos anjos maus, assaltarão de todos os lados, qual frágil barquinha, o vosso coração despedaçado. Talvez adquira a tentação uma tal força que parecerá verdadeiramente infernal; julgar-vos-eis entregue a satanás, e vossa boca mesmo não poderá abrir-se para louvar a Deus. Não é tudo ainda: essa provação terrível se há de prolongar; sereis atormentado não somente uma vez, mas três vezes, seis vezes, dez vezes e mais ainda; ora com mais, ora com menos violência.

Entretanto, não vos deixeis abater, e guardai--vos de nada suspeitar de sinistro a respeito de vosso bem-amado. Ele permite que sejais tentado para se assegurar se o amais verdadeiramente; e também para vos ensinar a compadecer-vos dos sofrimentos dos que gemem sob o peso desolador da tentação. Ele vos magoa, vos macera, para vos purificar de vossos pecados e vos preparar para uma graça maior. Parece, durante algum tempo, afastar-se, de certo modo, de vós, a fim de que não vos orgulheis, mas reconheçais sempre que sem Ele nada podeis; entretanto, Ele não se ausenta efetivamente, e não vos exercita por essas adversidades e outras semelhantes, senão pelo amor inenarrável com o qual vos ama.

Eis como o celeste Esposo procede de ordinário com a alma fervorosa que a Ele se dá. Em primeiro lugar, e nos primórdios de sua união com ela, Ele a visita de uma maneira indizível, fortifica-a, ilumina-a, e a seduz pelo atrativo encantador e todo-poderoso das delícias que dele emanam; incessantemente faz-lhe gozar de sua amável presença, saciando como de um leite dulcíssimo sua nova amiga. Em seguida, começa a apresentar-lhe o alimento mais sólido das aflições e a fazer-lhe conhecer tudo o que deve sofrer em seu nome. Desde logo, de todos os lados, levantam-se as adversidades; os homens a inquietam no exterior; as paixões perturbam-na interiormente; as penas exteriores afligem-na, as ansiedades interiores abatem-na e a obscurecem; fora, os sofrimentos; dentro, as securas; às vezes o Esposo dela se esconde, ora mostra-se de novo; ora abandona-a no meio da noite e do horror da morte; ora chama-a novamente à luz, com uma graça toda amável; de modo que é com razão que dele se disse: "Ele conduz aos infernos e de lá faz voltar" (1Sm 2,6). É assim que Ele prova a alma, que a purifica, humilha, instrui, forma, orna e a embeleza.

Se a encontra fiel em todas as coisas, sempre paciente, sempre animada por uma vontade reta, e disposta, por um longo exercício e pelo socorro da graça, a levar com paz e com amor o fardo da tribulação e das provas, então une-se mais intimamente a ela, faz-lhe participar de sua familiaridade e dos seus segredos, e a ela se prende mais estreitamente do que nos primeiros momentos de sua conversão.

Não vos perturbeis, portanto, quando uma tentação violenta vos importuna; recebei-a antes como um penhor de amor, e permanecei fiel e invencível no combate, dizendo com o bem-aventurado Jó: "Quando mesmo Ele me fizesse perecer, esperaria nele" (Jó 13). Durante essa tempestade vos custará muito assistir ao ofício divino, devido à instabilidade e à obscuridade de vosso espírito. Conservai, porém, vossa longanimidade, e fazei tranquilamente o que estiver ao vosso alcance: a noite passará, as trevas dissipar-se-ão, e a luz brilhará de novo.

2 Que durante a aflição interior o religioso se há de ocupar seriamente

Mas, durante o período da noite, tomai bastante cuidado em não estar ocioso e negligente.

Se não podeis orar, recitar os salmos, ou meditar, aplicai-vos à leitura; se vossa alma se enfastia da leitura, escrevei, trabalhai em qualquer ocupação manual, reprimindo com atenção o tumulto dos pensamentos vãos.

Se algumas vezes sois oprimido por um adormecimento importuno, talvez fosse mais útil, se o lugar e o tempo o permitem, ceder, sob as vistas de Deus, alguns instantes ao sono, do que resistir com obstinação. Pois, se não podeis vencê-lo a não ser pelo trabalho, ficareis tranquilo enquanto ele durar; mas, apenas o tereis deixado, para recomeçar os exercícios espirituais, que novamente o sono voltará.

Afinal, esse repouso deve ser breve e passageiro; não pode prolongar-se além do tempo necessário para recitar dois ou três salmos; o espírito, como que renovado por este descanso, tornar-se-á mais vivo e mais livre.

Quanto àqueles que, satisfazendo às necessidades dos sentidos, não sabem ainda limitar-se a uma rigorosa temperança no comer e beber, é de temer que, recorrendo a este remédio, venham a agravar seus males em vez de aliviá-los; e que, sucumbindo a um longo e profundo sono, percam tristemente o tempo na indolência.

3 Do combate contra as tentações impuras

Sede também cuidadosamente atento contra as tentações, pelas quais o anjo das trevas se esforça para encher o espírito de pensamentos viciosos e impuros.

Rejeitai imediatamente esses pensamentos, antes que eles se tenham apoderado de vossa imaginação; pois, se não repelis o inimigo no seu primeiro ataque, ele entrará em vossa alma e a sobrecarregará de ferros; e, despojado de vossas forças e de vossa liberdade, não resistireis, para o futuro, senão com grande esforço.

Quando mesmo vos tivésseis deixado acorrentar pela negligência, não vos rendais, apesar disso: reclamai altamente contra vossos grilhões mesmo rastejando por terra, experimentai quebrá-los; implorai o Senhor com espírito de força e de coragem; pedi-lhe instantemente que rompa vossos laços e vos conceda a liberdade, ou ao menos não consintais nunca em continuar na escravidão.

Ficai sabendo, porém, que quase sempre triunfareis mais facilmente de vosso adversário, e de suas sugestões pérfidas, vergonhosas e ímpias, não opondo a seus uivos inúteis senão desprezo, e prosseguindo sem voltar a cabeça, do que se vos detivésseis a disputar com ele, e vos esforçásseis, com imenso trabalho, em fazer-lhe calar a boca. Não obstante, se ele se torna demasiadamente importuno, e que, repelido várias vezes, volte à carga, é necessário atacá-lo frente a frente, a fim de que, vencido por tenaz resistência, fuja, coberto de opróbrios e vergonha.

Ora, ele nos ataca de diversas maneiras. Às vezes, colorindo de uma aparência de piedade seus sinistros desígnios, arma-nos ciladas em segredo; outras vezes, levanta-se contra nós com ódio franco; outras, penetra insensivelmente; e outras vezes ainda, arremessa-se de súbito contra nós.

Emprega, para nos vencer, ora os males do corpo, ora as adversidades interiores e espirituais.

Por esse motivo vigiai sempre, fortalecei-vos sem cessar com a lembrança da Paixão do Salvador, e dirigi a Deus preces misturadas de lágrimas.

4 Do combate contra o orgulho e da prática da humildade

Mas, como vos dizia há pouco, não conteis convosco por causa da graça que talvez possuais. Pois, afinal, "que possuís que não tivestes recebido?

E se o recebestes, por que orgulhar-vos, como se não o tivésseis recebido?" (1Cor 4,7). Tomai, pois, cuidado em não abrir a entrada do vosso coração ao vento desastroso da vanglória, ou ao sopro pernicioso da própria complacência. Não vos gabeis jamais dos favores celestes, e não os exponhais nunca em toda a parte com ostentação. Guardai em vós mesmo o vosso segredo; a menos que, para vossa consolação ou para vosso adiantamento espiritual, seja conveniente revelá-lo com humildade e com uma espécie de pudor a um amigo íntimo e discreto; ou que a obediência ou qualquer outra necessidade urgente ou uma grande utilidade vos force a revelá-lo.

Guardai-vos de atribuir a vossos méritos e a vossos trabalhos o dom que recebestes de Deus; mas reconhecei-vos antes indigno, como o sois na realidade, de toda a graça e de toda a consolação, e digno, pelo contrário, de ser abandonado e coberto de confusão. Não estabeleçais comparação alguma entre vós e os que são menos perfeitos; comparai-vos, porém, com aqueles cuja santidade é maior que a vossa, a fim de que, considerando sua perfeição, conheçais melhor vossa própria imperfeição.

Humilhai-vos, descei, ponde-vos sinceramente abaixo de todos os homens. E como o poderia, dizeis, quando a maior parte dentre eles, rejeitando todo o receio e pudor, vive numa horrenda devassidão? Como! Pôr-me-ei então abaixo desses miseráveis? Preferi-los-ei a mim? Sim, sim, vos digo eu. Pois, se pensais que os homens hoje os mais perversos poderiam ser amanhã mais perfeitos que vós; que, se eles houvessem recebido do céu os mesmos socorros que vós, viveriam mais santamente, e que vos enterraríeis mais profundamente que eles no crime, se não tivésseis sido prevenido com uma graça mais abundante; se, digo, fazeis atenção a essas coisas, reconhecereis então facilmente que não há pecador que não devêsseis, com justiça, preferir a vós mesmo.

Oh! se conhecêsseis os segredos de Deus, como cederíeis de bom grado o primeiro lugar aos outros. Com que satisfação escolheríeis o último lugar! Com que prazer vos prostraríeis aos pés de vossos irmãos! Com que desvelo serviríeis o último dentre eles! Com que alegria os estimaríeis! Com que afeição lhes obedeceríeis sem demora e sem murmuração!

Mas exijo de vós algo de mais excelente ainda: é humilhar-vos por Deus, não somente abaixo dos homens, como abaixo de todas as criaturas, e isso do fundo d'alma, considerando-vos pó e vos julgando indigno de ver a luz do dia.

Descei em vós mesmo, considerai vossa ingratidão, vossas infidelidades, vossa tibieza, vossa falta de atenção, vossa profunda miséria e vossa extrema abjeção, e então atingireis sublime fim de vos elevar até esse aniquilamento d'alma.

Se o antigo inimigo se obstina em vos perseguir, se ele vos excita a julgar-vos alguma coisa, a gloriar-vos em vós mesmo e a vos preferir aos outros, repeli suas pérfidas sugestões, fechai-lhe a entrada do vosso coração, e, embora aí faça nascer esses sentimentos, pelo menos não consintais nunca.

Pois, se consentis, se recebeis em vós o impostor, e vos deixais enganar pelo encanto sedutor de suas insinuações, tereis já quebrado o juramento que destes ao Esposo de vossa alma: maculado o casto tálamo do bem-amado (Ct 1,16), e fanado as flores que o ornavam; e eis que o bem-amado vos priva para sempre de sua feliz familiaridade, a menos que, expulsando quanto antes o espírito adúltero, vos humilheis profundamente.

Talvez, antes de serdes recebido em graça, vos será preciso sofrer a pena de vossa infidelidade, e permanecer na aflição, até que o Senhor, da mesma mão armada para vos punir, tenha apagado os traços dos beijos impuros com que o infame sedutor havia coberto vossa alma.

Mas é bastante sobre esse assunto.

VII
Da conduta exterior

Viu-se nos capítulos precedentes qual a maneira de assistir-se ao ofício divino, a que exercícios interiores é conveniente afeiçoar-se, a ordem que é necessário observar neste assunto, o que é preciso procurar ou evitar; passemos agora ao que resta dizer sobre as demais obrigações da vida espiritual.

1 Da refeição corporal

Para o que diz respeito ao alimento do corpo, evitai todo o excesso, temendo que vossos sentidos sobrecarregados vos subtraiam toda a aptidão para os exercícios espirituais. Quando o corpo está agravado pela intemperança, é impossível à alma ocupar-se de Deus e das coisas da salvação; é vão o esforço em prosseguir na vida interior quando não se trabalha antes em refrear os apetites sensuais.

Reprimi cuidadosamente toda a espécie de concupiscência. Não vos perturbeis em saber se as iguarias que vos servem são ou não agradáveis e delicadas; contanto que sejam suportáveis, que desejais de melhor? Dai ao corpo unicamente o que lhe é necessário para refazer as forças, e não profaneis os dons de Deus, servindo-os às voluptuosidades da carne. Se um alimento grosseiro provoca vossas queixas e perturba vossa alma, já vo-lo disse e vo-lo repito, não sois um cristão, um verdadeiro servo de Jesus Cristo.

Se vosso coração sentisse verdadeiramente Jesus, quantos alimentos vis vossa boca não saborearia com prazer! Pois Jesus mesmo é o condimento dulcíssimo da extrema indigência. Amai a Jesus, e as iguarias mais simples vos parecerão mais deliciosas que os festins dos reis. Jesus, pobre e faminto, muitas vezes contentou-se com um pedaço de pão, por vosso amor; Jesus, devorado pela sede, foi, por vós, saciado com fel e vinagre.

Comei e bebei moderadamente, sem precipitação. Guardai-vos mesmo da deleitação que produz naturalmente o alívio do corpo; não vos detenhais nisso, nem vos proponhais em satisfazer a sensualidade; pois, procurando nutri-la, sereis vós mesmo sua presa.

Entretanto, da mesma forma que é necessário muitas vezes recusar à carne o que ela reclama sem razão, é preciso, em dadas circunstâncias, forçá-la a tomar o que lhe repugna; pois há ocasiões em que se enfastia mesmo do pouco que é indispensável à natureza.

Mas, à medida que o corpo se refaz, vigiai a fim de que o espírito não fique sem alimento. Nutri vosso coração da Palavra de Deus; saciai vossos ouvidos da doutrina do Salvador e da narração da vida dos santos. Se, por acaso, vos achais em uma mesa onde não se costumam fazer as santas leituras, não priveis, por esse motivo, vossa alma do alimento espiritual; mas, tanto quanto possível, conversai com ela ou com Deus em silêncio, e meditai algum pensamento piedoso.

2 Da modéstia no vestir

A modéstia no vestir não é de menos importância que a sobriedade. Rejeitai com desprezo, com horror, tudo o que se afasta da decência e da simplicidade. Não imiteis esses pretensos devotos, tão miseráveis quão fúteis, que coram de um exterior pobre ou negligente, e não coram de suas desordens. Devem eles sair ou comparecer no mundo? Vê-los-eis ocuparem-se curiosamente das mais ridículas puerilidades; são-lhes necessárias tais e tais vestes, uma túnica adaptada de tal e tal forma; um hábito grosseiro e despojado de ornamentos, envergonham-se de usá-lo. Poder-se-iam tomar não por aquilo que simulam ser, mas por cortesãos voluptuosos e delicados; espetáculo prodigioso, que indigna e faz gemer os homens sábios, e alegra o anjo das trevas. Por meio dessa conduta insensata, mostram, com evidência, o que são no interior, quero dizer: espíritos soberbos e cheios de vanglória.

Ó homens, tão distanciados da verdadeira piedade! Religiosos indignos desse nome! Religiosos dedicados a satanás! Será porventura isso o que prometeram a Deus, quando, pelo voto da santa pobreza, renunciaram solenemente às vaidades e às pompas? Será isso o que nos ensinou o Rei dos reis? Será isso do que Ele nos deu o exemplo, quando, envolto em pobres panos, escolheu um presépio para berço; quando foi revestido de púrpura e de opróbrio? Será isso seguir Jesus? Será isso caminhar sobre seus traços? Oh, orgulho intolerável! Oh, extrema insensatez!

Meu irmão, não imiteis esses insensatos; contentai-vos com as roupas simples e modestas; eis o que a humildade e o bom exemplo exigem de vós.

3 Da modéstia no comportamento

Não levanteis nunca os olhos, mormente durante o ofício divino, e não passeeis vossos olhares aqui e ali, sem necessidade, temendo encontrar algum objeto que perturbe vossa atenção e macule a pureza de vossa alma. Quando mesmo não houvesse perigo algum, a modéstia de um verdadeiro religioso exige que, ou repousando ou andando, vos habitueis a conservar os olhos modestamente baixos. Nunca olheis diretamente uma senhora com curiosidade.

Que vosso andar, principalmente na igreja, seja nem muito precipitado nem muito vivo, a menos que algum motivo urgente vos obrigue a apressar-vos; que, fora da igreja, ele não seja também demasiado lento, mas que nele se possa observar uma religiosa mistura de modéstia e de dignidade. Componde em todo o lugar o vosso exterior com uma nobre decência.

Mostrai sempre aos outros uma fisionomia grave e serena, e sede doce e afável para com todos. Se estais, mau grado vosso, opresso por uma negra tristeza, esforçai-vos ao menos em dissimulá-la, a fim de não parecerdes melancólico e pesaroso, e não sejais pesado aos outros. Se não podeis conter o riso, ride moderadamente e, por assim dizer, religiosamente; que vosso rir mereça apenas o nome de rir. Evitai os risos ruidosos como um grande obstáculo ao fim que tendes em vista, e como um precipício, no qual muitas vezes a alma cai e se perde. Um riso excessivo e desordenado viola o santuário do pudor, dissipa o interior e expulsa a graça do Espírito Santo.

4 Do amor ao silêncio e cuidado no falar

Amai, amai acima de tudo a solidão, o recolhimento e o silêncio. Sede sempre pronto antes a ouvir do que a falar, e não faleis sem reflexão, com voz estridente ou em tom de disputa; mas falai modestamente, com doçura, com reserva; mas sem dissimulação, o que vos parecer bom e verdadeiro.

Não eleveis, digo, indecentemente a voz, nem a abaixeis de modo que seja apenas inteligível; sobretudo se o lugar, o objeto, a pessoa a quem falais exigem que vos façais compreender mais claramente. Pois, se a voz de uma pessoa piedosa deve ser sempre modesta, por vezes baixa, como um sinal de doçura e de paz de sua alma, deve também, em certos casos, ser firme sem aspereza e alta sem clamor.

Não assevereis nada com obstinação, a menos que o interesse da fé ou da salvação vos force a proceder desse modo; mas, todas as vezes que encontrardes um contraditor, cedei e calai-vos, ou então, se não vos for permitido ceder e calar, afirmai com modéstia e com humildade o que julgais ser a verdade. É o meio mais seguro de afastar qualquer contestação contrária à piedade.

Que vossas palavras nunca firam ninguém. Evitai, em vossas palestras, tudo o que possa ser uma ocasião de louvor para vós ou de censura para o próximo. E, se a necessidade ou um motivo verdadeiramente útil vos obriga a agir de forma diversa, fazei-o então com louvável pudor e reta intenção.

Aborrecei os entretenimentos licenciosos, verdadeiro veneno que mata a alma; e se consentis que, em vossa presença, se digam gracejos pueris, pelo menos não os repitais nunca. Não tenhais nunca uma contemplação mole para com os assuntos insensatos e ímpios: pelo contrário, se a ocasião vos parece favorável, repreendei com doçura aquele que se deixa levar para esse terreno, ou então fazei o possível a fim de desviar a conversa para um tema inocente. Que vossos ouvidos estejam inexoravelmente fechados às palavras maldizentes.

5 Do recreio e das ocupações exteriores

Vós podeis, por vezes, pela causa de Deus, conceder à vossa alma alguma distração; mas não lhe deis nunca plena liberdade, temendo que, enquanto ela vague no exterior, algum divertimento ilícito ou uma paixão perigosa se apodere de vós, dissipe vosso interior e o inunde de amargura. Aprendei, pois, a vos concentrar em vós mesmo, com uma simplicidade refletida, e a conservar vosso coração em silêncio e em paz, fazendo calar o tumulto dos pensamentos vãos e levianos, e reprimindo o movimento das afeições desordenadas. Que seja Deus vosso pensamento principal; ou mesmo, se possível for, vosso único pensamento: pois não vos deve ser suficiente dirigir a Ele de um modo geral vossa atenção.

Fazei igualmente o possível, quando vos sobrevém alguma outra ocupação exterior, para cumprir vossos deveres, não somente com prudência, com piedade e com alegria, a exemplo de Marta, mas preenchendo esses deveres com fidelidade, para a glória de Deus. Trabalhai a fim de desapegar vosso espírito dos pensamentos inquietos e do tumulto dos objetos sensíveis, para dirigi-lo a Deus ou às coisas de Deus, como Maria; mormente se não sois impedido por um entretenimento útil ou por uma obrigação indispensável. Marta, animada de uma vontade reta, mas distraída por meio das coisas exteriores e agitada por uma quantidade de cuidados diversos; Marta, sem ser disforme, não é, entretanto, bastante bela. Maria, porém, instruída desde o princípio a subtrair-se à multidão dos pensamentos inconstantes e levianos; Maria, ocupada de um único objeto, com o coração sempre em paz, ardendo por unir-se ao Sumo Bem, é de uma beleza muito mais perfeita.

Em vossas ocupações exteriores não vos contenteis da reta intenção e da inocência de Marta; mas sede também simples e sereno, como Maria.

"Maria escolheu a melhor parte, que não lhe será tirada" (Lc 10,42).

Vós também escolhestes esta mesma parte; mas, se não a retiverdes segundo o poder de vossos fracos meios, não produzireis fruto digno de vossa profissão. Que a vossa simplicidade de espírito vos seja sempre mui cara.

Se sois ainda uma criancinha em Jesus Cristo e não podeis penetrar, como Maria, a sublimidade dos oráculos divinos, imitai-a ao menos quando se ocupa de cuidados mais humildes: imitai Maria derramando uma torrente de lágrimas aos pés do Salvador; imitai Maria alimentando-se, com doçura extrema, das palavras do Senhor; imitai Maria procurando amorosamente o Senhor no túmulo: pois que também nisso ela age com um coração simples; ela não amou senão uma coisa, não pensou senão numa coisa, não desejou senão uma só coisa.

Imitai-a, menos pelo prazer que experimentais, que com o fim de agradar ao Senhor. Pois se, ávido do deleite sensível, vós vos buscais a vós mesmo antes que tudo, vossa alma não é ainda a casta esposa de Jesus Cristo, mas uma vil escrava do pecado, para não dizer uma infame meretriz do demônio.

Perseverando nessas humildes práticas (se, aliás, pode-se chamar humilde o que na realidade é muito elevado), merecereis alcançar um dia o mais alto grau de perfeição e de inteligência.

6 Dos meios de evitar a singularidade

Em tudo o que não seja contrário à regularidade da vida religiosa, conformai-vos ao uso comum, evitando toda a singularidade viciosa. E porque viveis com pessoas, cuja conduta digna de louvor reflete fielmente a amável e doce austeridade dos primeiros fiéis, tende por suspeitas as vigílias e as abstinências particulares, e a este respeito não vos destaqueis dos outros de um modo visível, a não ser que, por uma revelação do Espírito Santo, conheçais que tal é a vontade de Deus.

Não empreendais, sobretudo, coisa alguma sem o conselho e o consentimento de um sábio diretor, a fim de que, seguindo vossos próprios sentimentos, não enfraqueçais demasiado o vosso corpo, e que tornando-vos desta forma incapaz de praticar uma obra útil, não percais inteiramente o fruto de vossos trabalhos. O que Deus exige de vós é a pureza de coração, e não a destruição do corpo. Ele quer que ele seja sujeito ao espírito, e nunca oprimido.

Em vossos exercícios exteriores, como nos interiores, regulai o fervor da alma por meio de uma santa discrição. Se vosso amor pela virtude se afrouxa e se esmorece, excitai-o e estimulai-o; se ele se arrebata com excesso de impetuosidade, aplicai-vos a moderá-lo e a contê-lo.

7 Do trato com os outros

Mantende-vos sem cessar na presença de Deus, possuído de um santo temor. Que estas palavras: "Vigiai sobre vós mesmo" (1Tm 4,16) repercutam consecutivamente em vosso coração. Não esquadrinheis curiosamente a conduta dos outros, seus costumes, suas ações, a não ser que sejais forçado a fazê-lo por dever. Limitai a vós vossos cuidados e vossa curiosidade. Entretanto, não pretendemos sejais indiferente aos excessos e aos pecados dos demais, nem que descuideis em corrigir esses excessos quanto vos for possível, ou em procurar-lhes a correção. Pois é a curiosidade que condenamos, e não a caridade e o santo zelo da justiça. Tudo o que a esse respeito seja compatível com a paz da alma e o sincero amor do próximo, nós não o censuramos.

Os vícios mesmo que percebeis no próximo, ou que ouvis serem-lhe atribuídos, esforçai-vos em não os acreditar, ou então desculpai-os com simplicidade. Se são de tal forma visíveis que não se possam de maneira alguma desculpar, desviai deles vossos olhares e vosso pensamento; representai-vos vossos próprios pecados e, se as circunstâncias vo-lo permitem, implorai humildemente por vós e por vossos irmãos a misericórdia do Senhor. Desta forma evitareis as suspeitas inquietas e os juízos temerários.

Tomai sobretudo sentido que, à vista de uma falta, mesmo leve, cometida por um de vossos irmãos, ou de alguma adversidade que lhe tenha sobrevindo, uma alegria cruel penetre o vosso coração, com o consentimento da vontade; gemei, pelo contrário, diante do Senhor, por vosso irmão, lembrando-vos que todos somos membros de um mesmo corpo e todos resgatados pelo mesmo sangue (Ef 4,4.12). Em vez de vos indignardes com os defeitos do próximo, quer sejam da alma, quer sejam do corpo, aprendei a compadecer-vos deles, a suportá-los com paciência; pois está escrito:

"Levai mutuamente os fardos uns dos outros, e assim cumprireis a lei de Jesus Cristo" (Gl 6,2).

Quando percebeis nos outros algum sinal da graça celeste, longe de ressentir uma dor invejosa, procurai imitá-los e alegrai-vos de sua felicidade. Embora sejais privado deste bem espiritual, alegrai-vos por causa da glória que Deus recebe; não rendais ao Senhor ações de graças menos vivas do que se se tratasse do vosso próprio bem, e este bem se tornará vosso; recebereis a coroa não somente de vossos méritos, mas ainda dos méritos de outrem tornados vossos.

8 Da reta disposição da alma em relação às criaturas

Conservai vossa alma em tal disposição, que ela não aspire em absoluto a agradar o mundo, e não receie também desagradá-lo. Em todos os homens, mesmo no que vos seja mais íntimo, não ameis senão a Deus, ou graça ou obra de Deus; da mesma forma, não detesteis nada a não ser o vício. Que motivo algum de parentesco, de amizade ou de reconhecimento vos determine a ofender a Deus, embora levemente, em favor de quem quer que seja, ou favorecendo-o, exaltando-o e aplaudindo-o em qualquer pecado.

Não procureis, com ardor inquieto, a presença e a conversação de pessoa alguma, a não ser para o vosso progresso espiritual, embora, mesmo neste caso, o desassossego não seja bom. Amai todos os homens, mas espiritualmente, e nunca de uma maneira humana. Resultará daí que não vos haveis de desolar demasiado da ausência dos justos ou de vossos amigos, e não vos afligireis inconvenientemente da presença dos pecadores e de vossos inimigos; antes, não tereis inimigo algum, mas amareis vossos perseguidores, como instrumentos preciosos de vossa santificação.

Tudo o que a natureza ou a arte ofereça de belo ou de verdadeiramente digno de admiração nas criaturas, referi-o à glória do Criador e à eterna beatitude, a fim de gozardes dessas coisas com pureza, no Senhor; desconfiai do deleite sensível, qualquer que seja a sua origem, pois se vos detendes nisso e procurais vossa própria satisfação, vossa alma será maculada e como que entravada por obstáculos.

9 Como se há de detestar toda a espécie de pecado e trabalhar no aperfeiçoamento de si mesmo

Tende horror a toda a espécie de apego ao pecado, mesmo ao mais leve. Se sucumbis, no entanto, arrastado pela fragilidade humana, não vos deixeis abater covardemente; mas confessai vossa falta com humildade diante do Senhor e, renovando vossas resoluções com uma piedosa confiança, mergulhai amorosamente todas as vossas imperfeições no abismo de suas misericórdias ou em suas chagas sagradas e vivificantes. Enquanto permanecerdes nesse corpo de lodo, podereis atenuar em vós o apego ao pecado, mas nunca precaver inteiramente as quedas[12].

As almas mais santas caem às vezes, e até mesmo frequentemente, mas com pesar, detestando suas faltas e esforçando-se por não mais cair; ao passo que os espíritos perversos caem sem remorsos e sem resistência. Estes não trabalham em destruir o apego ao pecado e tampouco em

---

12. E é nisso principalmente que Deus faz resplandecer, de um modo particular, a sua bondade previdente. O homem tem necessidade de ser humilhado, humilhado a todos os instantes, porque a todos os instantes há nele um não sei quê de rebelde que aspira elevar-se sem medida, como sem razão. É preciso que sinta a sua fraqueza para não se orgulhar de sua força. Sempre em extremos, nunca em seu próprio lugar, se não rasteja na lama, perde-se nos céus. Estranha condição, em que a virtude mesmo torna-se uma armadilha, em que as quedas são um remédio e quase uma felicidade. Que aconteceria se Deus permitisse que fôssemos perfeitamente puros aqui na terra? Incapazes de suportar o peso de uma tal perfeição, nós nos entregaríamos ao orgulho. E se de outro lado Ele não nos tivesse mostrado essa perfeição em expectativa, que nos restaria senão o desespero? Orgulho, desespero, eis aí os dois grandes obstáculos da vida humana. Ó poder admirável da graça, que unicamente equilibra e sustenta o homem entre esses dois abismos! (F. de Lamennais).

evitar as ocasiões de pecar. Se aspiram a alguma coisa, enquanto sujeitos a alguma regra ou sob a dependência de um superior, é à liberdade de uma vida mais relaxada; se se alegram, é por escapar ao enfado do ofício divino e dos outros exercícios espirituais. Os manjares delicados e superfinos, os divertimentos fúteis, os risos imoderados, as novidades do século, os espetáculos vãos, a posse de qualquer móvel elegante para seu uso particular, eis o que procuram, eis a sua felicidade, sua alegria, sua consolação; olham apenas como um pequeno mal a própria complacência, os divertimentos frívolos, a ociosidade, as conversas fúteis, as anedotas jocosas, as narrações picantes, nada de tudo isso é reprovável a seus olhos, e por consequência entregam-se sem escrúpulo a essas conversas. Tornados completamente insensíveis, julgam-se perfeitamente sãos, quando estão, na realidade, cobertos de feridas; e por esse motivo é que nem sonham em chorar seus males e em mudar de conduta. Mas que dizem eles? Dizem que não têm feridas, e, se por acaso as têm, são demasiado leves e quase imperceptíveis!

Religiosos infortunados! Religiosos insensatos! Religiosos indignos desse nome! Pois, embora pareçam pequenas essas feridas, por que razão não procuram curá-las? Elas hão de tornar-se irremediavelmente mortais; e nem falo das consequências tremendas que produz frequentemente essa negligência, tais como o orgulho, a intemperança, as murmurações, as iras, os desprezos, os ódios, as invejas, as calúnias e outros crimes maiores.

Não imiteis, caro irmão, não imiteis esses infelizes; eles não são do número dos verdadeiros discípulos de Jesus Crucificado e dos amigos de Deus; e não poderão nunca o ser enquanto permanecerem no mesmo estado. Vós, porém, entrai num caminho melhor; deixai, afastai, rejeitai tudo o que possa retardar, mesmo ligeiramente, o vosso voo para a fonte do divino amor; apressai-vos em progredir na perfeição, pela mortificação total de vós mesmo, o caminho mais curto e mais seguro que se abre diante de todos.

VIII

*Que a mortificação é o resumo
da perfeição; e o que é necessário
fazer para terminar santamente os
exercícios do dia*

1 Abnegação e humildade: a base da perfeição cristã

Quereis aprender em poucas palavras em que consiste a mortificação completa de vós mesmo? Quereis que vos ensine este caminho seguro e curto? Eu vo-lo ensinarei: escutai, pois. Despojai-vos de todo amor-próprio. Perguntais o que quero dizer com isso? Deponde toda a afetação, toda a vontade própria; deponde o homem velho todo inteiro!

Entretanto, a fim de melhor fazer-me compreender, estender-me-ei um pouco mais.

Desapegai-vos de todos os bens do mundo; sede pobre. E como pobre? Pobre de todas as coisas; mas, sobretudo, pobre de todo o apego, de toda a paixão, pobre de espírito.

Se desejais, se amais ainda alguma coisa com um amor de propriedade e de sensualidade, se vos buscais em alguma coisa, não sois voluntariamente, não sois verdadeiramente pobre; não podeis ainda dizer a Deus, com São Pedro: "Eis que tudo deixamos para vos seguir" (Mt 19,27). Quebrai vossos laços, deixai tudo, despojai-vos de tudo. Arrancai do vosso coração tudo o que não seja Deus, que Deus só nele reine e domine, de modo que, feliz ou infeliz, não sintais nem alegrias insensatas, nem tristezas excessivas, e que, ou recebais o que não possuís, ou percais o que já haveis obtido, vossa alma se conserve inabalável e tranquila.

Renunciai inteiramente a todos os objetos sensíveis e a vós mesmo, por amor de Deus. É o mesmo que se dissesse: reprimi em vós a força da concupiscência, e em tudo, na adversidade como na prosperidade, resignai-vos à vontade divina, sem repugnância e sem esforço.

Eis aí o caminho abreviado, a mortificação completa, que não é outra coisa senão uma inteira renúncia de todo o amor-próprio, uma inteira aniquilação de si mesmo; pois, certamente, a humildade perfeita é o caminho que conduz, sem desvios, ao cume da perfeição; e esse cume é a perfeita caridade e a pureza perfeita.

E como, direis vós, como hei de conhecer que terei galgado essas culminâncias? Eu vo-lo direi. Se permaneceis assiduamente no silêncio do coração, como num porto tranquilo, e, desprendido de todo o cuidado terrestre, de toda a afeição desordenada, livre de toda a inquietação e da recordação importuna das coisas do mundo, vossa alma se eleva com ternura a Deus, se inclina e repousa em seu seio, de maneira que vossa memória, vossa inteligência, vossa vontade, numa palavra, todo o vosso ser seja totalmente unido a Deus, então tereis atingido o auge da perfeição; pois a perfeição consiste nisso.

Embora não possamos, enquanto revestidos desta carne corruptível, contemplar a Deus sem cessar, ou tê-lo continuamente presente à nossa memória, é a Ele, entretanto, que se devem dirigir todas as nossas intenções; é a Ele que devemos reconduzir o nosso espírito, como a seu verdadeiro fim, todas as vezes que dele se aparta, distraído e levado pela inconstância e a leviandade de seus pensamentos. Quando, ou lendo, ou meditando, ou escrevendo, ou conversando, nós nos ocupamos de algum estudo útil ou de qualquer objeto espiritual, não descuidemos de nos elevar a Deus pela contemplação;

e nas ocasiões mesmo em que somos obrigados a nos consagrar, aliás sempre com discrição e medida, às obras exteriores, conservemo-nos constantemente na presença de Deus.

2 Da felicidade que gozam os que chegam à verdadeira abnegação de si mesmos

Oh, admirável filosofia! Oh, elevada e sublime teologia, que é a divina doutrina de abnegação e de amor! Feliz, mil vezes feliz se, penetrando os vossos ouvidos, ela atravessa e desce até ao coração, e se, inflamado do desejo da mortificação, puserdes a machadinha à raiz da árvore!

Ora, esta árvore é o amor-próprio, do qual falava há pouco, e esta machadinha é o fervor espiritual e os exercícios interiores, mas, principalmente, a meditação assídua da Paixão de Nosso Senhor, as frequentes aspirações a Deus, a obediência, a sobriedade: eis a verdadeira machadinha cortante, machadinha de bênção, fonte de todos os bens e de toda a pureza, machadinha ornada de pérolas e toda resplandecente de ouro. Mas a árvore que ela deve abater é uma árvore maldita, carregada de frutos amargos, uma árvore que produz e que alimenta todos os males, uma árvore que estende ao longe uma escuridão profunda e trevas de morte. Esta árvore está em nós como em todos os homens; ela está em vós e, enquanto aí estiver, não haverá em vós luz perfeitamente pura. Se desejais ser mais vivamente iluminado pelo brilhante esplendor do sol de justiça, cortai essa árvore e arremessai-a longe de vós. Ela é, entretanto, muito espessa e robusta; não haveis de abatê-la aos primeiros golpes, nem ao primeiro dia, nem talvez em um tempo mais ou menos longo: é preciso paciência e perseverança.

Da mesma forma que a pedra cai e que a chama sobe, quando a isso nenhum obstáculo se opõe, assim a alma, desapegada de todo o amor-próprio, e que em tudo não procura senão a vontade divina, eleva-se naturalmente ao seu princípio, que é Deus, e a Ele se une livremente. Mas a alma que ainda não se despojou senão em parte, embora tenda também para o seu princípio, e que seja, até certo ponto, esclarecida do puro brilho da luz eterna, entretanto, ainda não venceu todos os obstáculos, não pode livremente entrar e perder-se no abismo da eterna luz; quero dizer, não pode livremente unir-se a Deus, seu sumo bem.

E ainda que, com uma bondade infinita, Deus eleve e conduza docemente até o seio do amor algumas almas escolhidas, sem tê-las provado pelas tentações e fadigas de um caminho penoso, contudo, ninguém, sejam quais forem os dons espirituais pelos quais possa ter sido enriquecido, orgulhe-se de haver alcançado a inteira renúncia de si mesmo, a não ser que, assaltado várias vezes por dolorosas adversidades, tenha conservado no meio das provações uma perfeita liberdade de espírito e uma paz inalterável.

Há um grande número de pessoas que parecem piedosas, humildes, pacientes, enquanto não têm nada a suportar, nem repreensões, nem injúrias, nem contradições, nem tentações, nem tristezas; no entanto, porém, apenas sentem o peso da cruz, e já as murmurações, a indignação, a impaciência revelam seu orgulho secreto e a falta completa de mortificação. Antes, pois, que se possa pensar haver conseguido a abnegação de si mesmo, é necessário ter sofrido contradições de diversas espécies, com um coração doce e sereno.

Aquele que Deus não provou ainda pelas aflições deve-se considerar muito fraco para suportá-las; do contrário não lhe teria poupado tribulação; pois Ele se compraz, se é permitido assim falar, em ornar de aflições, como de pérolas preciosas, a alma que lhe é íntima e perfeitamente unida, a fim de torná-la mais e mais semelhante a Jesus Cristo.

Aquele que, despojado de toda a propriedade, conforma em tudo a sua vontade com a vontade divina, igualmente pronto a aceitar das mãos de Deus as adversidades, a vergonha, as securas interiores, ou as prosperidades, as honras e a abundância das consolações sensíveis; aquele que conseguiu levar com alegria a tribulação e saborear-lhe a doçura; esse, digo, achou uma *pérola preciosa* (Mt 13,46); ele elevou-se ao suprassumo da perfeição; em todo o lugar, qualquer coisa que o ocupe, sua alma se eleva a Deus, como por uma deliciosa transfusão. Sempre puro, sempre tranquilo, cheio de simplicidade e de alegria, ele caminha à luz da face do Senhor, entrega-se às mais altas contemplações, tão facilmente como respira. De que torrente de delícias Deus o inunda neste vale de lágrimas, de que íntimas comunicações Ele o favorece, é o que não nos é dado revelar, pois são coisas inefáveis.

Aquele que chegou a tal perfeição, como acabo de descrever, renda glória a Deus e confesse que Jesus Cristo "elevou da terra o fraco abatido e fez levantar o pobre de seu monturo" (Sl 112,7), quando transformou um homem imundo em anjo semelhante a Deus.

3 O religioso é obrigado, em virtude de sua profissão, a aspirar à perfeição

Vós me direis: essa perfeição está muito acima de mim; por esse motivo não trabalharei por atingi-la, temendo parecer trabalhar em vão. Mas eu vos respondo que, se fizerdes o que dizeis, não sois um religioso; pois, embora esse santo caráter não vos obrigue a ser perfeito, ele vos obriga a nada renunciardes para consegui-lo. Lisonjeai-vos tanto quanto quiserdes, persuadi-vos de tudo quanto vos seja agradável, forjai pretextos e desculpas, não sois por isso menos obrigado a tender à perfeição, com todas as vossas forças. Eis a verdade: se a ignorastes até aqui, agora não a ignorais. Vós vos enlaçastes, vós vos submetestes; permanecei enlaçado e submisso.

Eu não posso, dizeis vós, galgar uma perfeição tão alta. De onde vos vem essa desconfiança?

Ignorais que o poder divino pode operar infinitamente mais que a fraqueza humana nem sequer pode imaginar?

Não podereis aí chegar por vós mesmo, confesso-o, mas Deus vos pode conduzir. Confiai em Deus, esperai em Deus, e nunca em vós mesmo; repousai na graça e no auxílio de Deus, e não sobre as vossas próprias forças. Entretanto, se desejais que Deus vos assista com a sua graça, não falte a vossa cooperação, por moleza e indolência. Fazei o que estiver em vosso poder: mãos à obra, estendei os vossos braços, animai vossa alma à destruição do vício, à perfeita abnegação de si mesma; recolhei vosso coração, abrasai vosso amor, elevai vosso espírito à contemplação das coisas eternas; habituai-vos a pensar constantemente na presença de Deus.

A fim de preencherdes mais facilmente o grande trabalho, proponde-vos cada dia a meditar, da maneira que indicamos acima, alguma passagem da Paixão de Nosso Senhor, e para ela dirigi continuamente vossos olhares interiores, misturando vossa meditação de doces colóquios com Jesus, ou com vossa alma, a respeito de Jesus. Que o vosso pensamento seja, tanto quanto possível, perpetuamente ocupado das coisas de Deus. É o verdadeiro destino de vosso espírito; é o fim para o qual deveis constantemente tender, com uma solicitude pacífica e tranquila.

Embora experimenteis, quase a todos os instantes, quedas e distrações involuntárias, não vos deixeis abater. Não vos entregueis a um receio covarde; porém, perseverai e voltai sempre ao vosso objeto. Triunfareis das dificuldades pela constância de vossos esforços. O trabalho mesmo vos parecerá mais agradável e mais doce; e, regenerado por uma nova luz, até então desconhecida, começareis a desfrutar das delícias reservadas aos santos.

Não sereis mais o que éreis; mas, felizmente, transformado em outro homem e revestido de uma graça angélica, estimareis o que desprezáveis, e desprezareis o que estimáveis; o mal, que vos agradava, vos aborrecerá, e amareis o bem que odiáveis; suportareis facilmente e com alegria o que antes vos parecia insuportável. Oh, feliz metamorfose! Oh, transformação pela destra do Altíssimo! Enfim, este hábito louvável, transformando-se em natureza, e o amor divino preenchendo inteiramente o íntimo mais profundo do vosso coração, não sentireis mais o vosso trabalho; mas, como o vosso espírito produzia por si mesmo uma quantidade de pensamentos vergonhosos, impuros, insensatos, vãos, levianos e semelhantes a sonhos, assim, doravante, ele se ocupará de Deus e das coisas de Deus; pois o espírito torna sempre ao que ama o coração.

Desgraçados, desgraçados dos religiosos perversos, tíbios e negligentes, destes homens que trazem o nome de religiosos e que não o são pelos costumes; que, desonrando esse santo caráter, e violando abertamente os deveres que ele impõe, jazem numa orgulhosa indolência, e se volvem na lama das paixões, sem pudor e sem remorso!

Felizes, porém, duas vezes felizes esses verdadeiros servos de Deus que, ainda que fracos e imperfeitos, entregam-se com todas as forças ao trabalho de atingir a perfeição, pois são do número dos filhos adotivos de Deus, a quem o terno Salvador Jesus dirige estas consoladoras palavras: "Não temais pequeno rebanho, pois aprouve a vosso Pai dar-vos o reino" (Lc 12,32).

Embora longe ainda da santidade, à qual aspiram, que esperem a morte com segurança, pois ela será preciosa diante do Senhor. Que esperem, digo, a morte com segurança, antes, não a morte, mas o sono de paz, o fim da morte, a passagem da morte à vida.

4 Exortação à perseverança

Pois bem! meu irmão, titubeais ainda! Estais ainda indeciso? Animado por esperança tão sublime, entrai, eu vo-lo suplico, no caminho da salvação; preparai vossa alma para as tentações com intrepidez, que dificuldade alguma vos amedronte. Em todas as provações que tereis que atravessar, quer interiores, quer exteriores, dizei com reconhecimento: "Cumpra-se a vontade de Deus" (At 21,14). É ao suor do vosso rosto, é por uma penosa e longa luta que vencereis por fim o velho homem: que isso não vos perturbe; não olheis o trabalho, mas o prêmio que lhe é devido.

Sentireis, no meio do combate, a presença da graça celeste, sempre pronta a vos socorrer, com inefável bondade: ela tranquilizará vossos temores, firmará vossos passos hesitantes, sustentará o choque do inimigo, e vos conduzirá pela mão fora do perigo. Caído, ela vos levantará; aflito, enxugará vossas lágrimas e derramará sobre vossas chagas o precioso bálsamo de suas consolações e de suas doçuras.

Se perseverardes, o poder das tentações cederá infalivelmente à força do amor divino; breve as tentações mesmo e as tribulações não vos serão mais penosas e amargas, mas leves e doces. Então gozareis de todo o bem e achareis o paraíso na terra.

Eis, digo, o que acontecerá se perseverardes e não fordes do número dos covardes que, após um começo feliz, seduzidos pelos artifícios de satanás, ou fatigados pelo rigor do trabalho, abandonam levianamente a obra começada. Sacodem e rejeitam o peso da tribulação; e é porque no tempo da aflição eles se escandalizam do Senhor, e parecem dizer, afastando-se dele: "Essa palavra é demasiado dura, quem poderá ouvi-la?" (Jo 6,60). Por certo eles edificam, mas não em terra firme, senão sobre areia movediça; o choque das águas e o sopro dos ventos derrubam facilmente o edifício.

E Deus queira que, considerando essas ruínas, não percam a coragem, mas se apressem em reconstruir o edifício caído, colocando seus alicerces não mais sobre a areia, mas sobre a pedra.

Meu caro irmão, se (o que não permita Deus) o vosso edifício vier a cair, recomeçai imediatamente a obra destruída, e construí com mais acerto. Quando mesmo ele desmoronasse duas vezes, dez vezes, e mais ainda, outras tantas reconstruí!

Não desespereis da misericórdia de Deus, pois não há pecados, por mais numerosos, por mais horríveis que sejam, que Ele não perdoe com maior facilidade que o desespero. Aquele que desespera do perdão, nega o poder e a misericórdia de Deus, e blasfema contra o Espírito Santo.

Nós não podemos ter maior inclinação ao pecado, que Deus tem em conceder-nos o perdão, contanto que não abusemos de sua longanimidade, quero dizer, se nos arrependemos verdadeiramente e a tempo. Tais devem ser os sentimentos de todo cristão.

5 Como se há de encerrar o dia

Mas, a fim de que a prolixidade não produza tédio e desprazer, fiquemos por aqui, e limitemos o curso de nossa navegação. Entretanto, enquanto se dobram as velas, não será inútil dizer, em poucas palavras, o que deveis fazer ao fim de cada dia.

Todos os dias, pois, antes de vos entregar ao repouso da noite, refleti seriamente, mas sem inquietação, nas faltas que cometestes durante este dia; implorai a misericórdia divina e tomai a resolução de melhor viverdes para o futuro e de fugirdes com mais cuidado a qualquer espécie de pecado. Pedi em seguida a Deus que Ele vos preserve nessa noite de toda e qualquer mácula, recomendai-lhe vossa alma e vosso corpo, assim como à sua Santíssima Mãe e ao Santo Anjo da Guarda. Enfim, deitado no leito, muni-vos do sinal sagrado da cruz, e após haverdes composto o vosso corpo com decência e com pudor, suspirai pelo bem-amado, saboreando um pensamento piedoso, até que um sono tranquilo se apodere docemente de vós.

Se esse sono se tornar demasiado profundo e vos sentirdes mais pesado do que aliviado, se fordes mesmo atormentado pelas ilusões da carne, não vos deixeis absorver pela tristeza, mas gemei com humildade diante do Senhor, suplicando-lhe vos conceda a sobriedade e a temperança, que produzem de ordinário a tranquilidade do sono e a pureza do corpo.

Epílogo

Eis, meu caro irmão, o que tinha a vos transmitir. Vós me pedistes um espelho; vede se é realmente um espelho que vos ofereço. Se satisfiz, ao menos em parte, os vossos desejos, louvado seja Deus; do contrário, seja também louvado. Eu vos dou o que o Senhor me deu. Finalmente, seja o que for este livrinho, eu vos peço relê-lo algumas vezes[13]. A Deus, e rezai por mim.

---

13. É o que pensamos também dever recomendar acabando de lê-lo. A piedade se entretém pelas leituras piedosas, a alma torna-se como que refrescada e renovada. E quem não tem necessidade de ir algumas vezes haurir nessa fonte consolações e socorros? Quem poderia bastar a si mesmo; quem poderia achar em seu próprio coração remédios a todos os seus males, refrigério a todas as suas dores? Ah! é desse coração mesmo que brotam, as mais das vezes, essas dores e esses males. Mas se a leitura é útil, ela o é principalmente quando unida à oração: "Vigiai e orai, nos diz o Salvador, a fim de que não entreis em tentação". Pensamos, pois, fazer uma coisa agradável às almas piedosas, oferecendo-lhes uma oração tirada do *Paraíso da alma cristã*, por Horstins, tanto mais adequada ao assunto por conter, em poucas linhas, a substância da obra que acabamos de ler.

"Atraí minh'alma a vós, ó beleza infinita! Elevai acima de todas as criaturas e prendei-a a vós pelo vínculo indissolúvel de um amor eterno. Que procurar, que desejar senão vós, que sois o princípio, a fonte, a plenitude de todo o bem; este âmago divino que deliciosamente alimenta e fortifica a alma? Que tudo o que não seja vós, seja para mim nada; que sempre e sempre não pense senão em vós, que não ame senão a vós; que eu aspire sem cessar por me unir a vós, por ficar convosco, por vos louvar, vos bendizer com todas as forças de minh'alma, por vos servir em todos os dias de minha vida! Que todas as coisas que passam sejam preciosas ou vis a meus olhos, segundo as relações que têm convosco, com a vossa bondade sem limites e vossas maravilhosas perfeições; que isso seja a única regra de minha estima ou de meu desprezo. Dignai-vos, segundo a profundeza de vossos decretos, consumar em meu coração a obra inefável de vosso amor. Transformai-me todo em vós, a fim de que eu não seja senão um só convosco, e que inteiramente desapegado de mim mesmo, não viva senão em vós e por vós! Assim seja."

Máximas espirituais de São João da Cruz

Esforçai-vos por sempre conservar em vosso coração um desejo ardente de imitar a Jesus Cristo; e em tudo o que fizerdes agi como se Ele mesmo agisse.

* * *

Aplicai-vos às coisas difíceis e abjetas, de preferência às que são fáceis e que brilham. Abraçai generosamente toda a espécie de penas por amor de Jesus Cristo, e persuadi-vos que, amando-o, recebeis consolações inefáveis.

* * *

A virtude e a força da alma aumentam e se aperfeiçoam nas desgraças, nos sofrimentos, nas afrontas, nas doenças e mesmo nas securas que tornam a oração amarga e penosa. Eis por que nunca deveis temê-las, mas suportá-las com coragem; não há nenhuma dessas provações cujo resultado não seja aproximar-vos mais de Deus.

* * *

Se não buscais a cruz de Jesus Cristo, não buscais também a sua glória. Se desejais possuí-lo, não o procureis fora da cruz; pois não se encontra senão no Calvário. Não se pode gozar dele sem renunciar a si mesmo.

* * *

Acostumai-vos a sofrer e a calar, se desejais viver em paz e vos elevar às mais sublimes virtudes.

* * *

Persuadi-vos de que não entrastes no serviço de Deus senão para serdes talhado, polido e aperfeiçoado cada dia, pelas mãos daqueles com os quais viveis. Considerai-os como outros tantos ministros que Deus vos envia para santificar-vos, exercitando-vos cada um segundo o seu modo.

* * *

Se quereis amar alguma coisa juntamente com Deus, é uma prova de que não o amais bastante, pois que o colocais em paralelo com a criatura, que não é senão miséria em comparação de sua perfeição infinita.

* * *

Se vos esforçais em viver num perfeito esquecimento das criaturas, vosso coração estará sempre em paz, satisfeito e dilatado, porque não pertencerá senão a Deus.

*   *   *

Vossos desejos assemelham-se a crianças, sempre inquietas, pedindo continuamente às suas mães ora uma coisa, ora outra, sem que possam ser contentadas. Quanto mais lhes derdes, tanto mais vos serão importunas em pedir.

*   *   *

Como um frágil cordão é suficiente para impedir o voo de um pássaro, assim uma pequena afeição a um objeto criado impede a alma de elevar-se a Deus. Rompei esse laço e ela se unirá livremente a Deus.

*   *   *

Se empregardes a metade de vossos cuidados em renunciar séria e inteiramente a vós mesmo, fareis num só mês mais progresso que não o faríeis em vários anos, com todos os rigores da penitência mais austera, que não fosse aliada à renúncia interior.

*   *   *

Uma imperfeição habitual, seja ela mui pequena, prejudica mais a alma que muitas outras, nas quais sucumbimos por fragilidade e por surpresa.

*   *   *

Estudai cuidadosamente um meio de mortificar o amor às honras, embora nas menores coisas. Nunca penseis que alguém tenha sido injusto para convosco, que tendes sempre razão, que sois mais antigo, que prestastes maior número de serviços, que possuís mais capacidade etc. O veneno mais sutil não produz a morte mais prontamente do que esses pensamentos fazem perder a vida do espírito.

* * *

Por que razão hesitais em deixar a criatura, que é nada, para vos unirdes a Deus? Não vedes que a eternidade se aproxima e que o tempo que Deus vos concede para adquirirdes a perfeição se escoa tristemente? Tomai vossas resoluções hoje mesmo. Deixai este nada da criatura que vos detém, a fim de vos unirdes a Deus, que é tudo.

* * *

Deus prefere em vós o menor ato de obediência e de submissão a todos os serviços que vos propuserdes render-lhe por vossa própria vontade e vossa própria inclinação.

* * *

Se alguém vos quisesse inspirar uma doutrina larga e cômoda, embora parecesse confirmá-la por milagres, não lhe deis crédito, mas abraçai a austera penitência. Ouvi aqueles que vos ensinam o desprendimento de todas as coisas, e amoldai vossa vida sobre a doutrina da cruz.

* * *

Não considereis os defeitos do próximo; guardai silêncio; entretende-vos frequentemente com Deus pela oração. Se praticardes fielmente essas três coisas, arrancareis em pouco tempo de vossa alma as imperfeições mais arraigadas, e enriquecê-la-eis de todas as virtudes.

* * *

Deus não ama nada mais em vosso coração que a humildade e o desprezo que tendes por vós mesmo. Todos os outros dons que Ele vos fez não o tocam tanto como este.

* * *

Não procureis adquirir amigos e protetores; mas permanecei pobre, desnudado e sem apoio das criaturas, contentando-vos, neste mundo, de Jesus Cristo só e de sua cruz.

* * *

Crede-me, não sejais ávido de novidades, porque vosso espírito, ocupado dessas vãs quimeras, enfraquecer-se-á para Deus, e se tornará incapaz de ocupar-se das coisas santas e sólidas.

* * *

Empregai os grandes desejos que Deus vos dá de sofrer em suportar em paz e em silêncio o gênio irritável, as fraquezas de vosso próximo, e as ocasiões difíceis que Ele vos há de proporcionar. Oferecei tudo isso generosamente a Deus, e não vos queixeis a ninguém.

* * *

Contanto que não aspireis a nada, a não ser a Deus, não caminhareis em trevas, embora vos sintais mergulhado nelas.

* * *

Se desejais possuir Deus em todas as coisas, é preciso que todas as coisas vos sejam nada. Pois, como pode um coração, que pertence a alguém, pertencer todo inteiro a um outro?

* * *

Não vos deleiteis nos bens temporais e efêmeros, porque ignorais se eles vos farão ou não gozar da vida eterna.

* * *

Não vos fieis em vosso espírito e nas graças que tendes recebido, pois sucumbireis como tantos outros. Não são os talentos que Deus contempla para amar a vossa alma; é a vossa humildade e o desprezo que fazeis de vossa pessoa.

* * *

Não aspireis, aqui na terra, outra recompensa às vossas boas obras e aos vossos trabalhos, a não ser novos desprezos e novos sofrimentos.

* * *

Procurai não a consolação, mas a cruz; o trabalho em vez do repouso; a amargura em vez da doçura; o menos, e nunca o mais; o pior, e não o melhor; o inferior, e não o mais elevado; o nada, e não a posse de qualquer coisa.

* * *

Se desejais gozar de tudo, não gozeis de nada. Se desejais saber tudo, não saibais nada. Se desejais possuir tudo, não possuais nada. Se desejais alcançar tudo, não sejais nada.

* * *

Saber tudo, e não saber o que é necessário saber, é nada saber. Fazer tudo, e não fazer o que é necessário fazer, é nada fazer. Nada saber, a não ser o que é verdadeiramente necessário saber, é tudo saber. Nada fazer, a não ser o que é necessário fazer, é tudo fazer.

* * *

É preciso ocultar as boas obras, mesmo a si próprio, não consentindo em complacência vã, e não fazendo delas nenhum caso.

* * *

O verdadeiro meio de obter de Deus o que desejamos é pedir-lhe, não o que desejamos, mas o que Ele deseja de nós.

* * *

Deus exige mais de vós o menor grau de pureza de consciência e de intenção, que qualquer outra boa obra que poderíeis fazer, embora mui brilhante diante dos homens.

Perde-se a pureza de consciência revelando-se o seu segredo, e este segredo é revelado quando se manifesta os bens que nele se acham ocultos; então nós nos contentamos em receber vãos aplausos como recompensa de nossas boas obras.

* * *

Um cego não consegue chegar ao termo a que aspira senão entregando-se inteiramente a seu guia: a fé é o vosso guia, abandonai-vos totalmente a ela. Se procurardes outra luz, desviar-vos-eis do caminho que conduz a Deus.

* * *

Quando a alma não espera o seu consolo senão de Deus, Ele está sempre pronto a conceder-lho.

* * *

Como a esperança não põe o seu apoio senão em Deus só, ela lhe agrada de tal forma que, pode-se dizer, a alma obtém de Deus tanto quanto espera de sua imensa liberalidade.

* * *

Tem-se mais motivo de temer na prosperidade do que de alegrar-se; porque corre-se mais perigo de ofender, e mesmo de esquecer a Deus.

Um sinal de que não se tem amor senão a Deus é o de se estar sempre pronto a tudo sofrer por seu amor.

* * *

Em tudo o que acontece sobre a terra, uma só coisa deveria afligir o cristão: o pecado.

* * *

No fim de vossa vida, Deus não vos pedirá conta senão do vosso amor: amai-o, pois, como Ele quer ser amado.

* * *

O vitorioso de todas as coisas deste mundo é aquele que não recebe nem alegria de suas doçuras, nem tristeza de suas amarguras.

* * *

Deus não entende outra linguagem a não ser a do amor e a do coração; mas, para falar-lhe assim, é preciso fazer calar a língua e as paixões.

* * *

Pensai sempre na eternidade, e lembrai-vos que os mais humildes, os mais pobres, os mais desprezados sobre a terra, serão os glorificados no céu.

* * *

Alegrai-vos muitas vezes no Senhor, que é a vossa salvação; e considerai quanto é vantajoso sofrer com resignação todas as contradições da vida, por um Deus que tanto sofreu por nós, e com tanto amor.

Clássicos da Espiritualidade

Confira outros títulos da coleção em

livrariavozes.com.br/colecoes/classicos-da-espiritualidade

ou pelo Qr Code

Conecte-se conosco:

- **f** facebook.com/editoravozes
- **O** @editoravozes
- **X** @editora_vozes
- **▶** youtube.com/editoravozes
- **☎** +55 24 2233-9033

www.vozes.com.br

Conheça nossas lojas:

www.livrariavozes.com.br

Belo Horizonte – Brasília – Campinas – Cuiabá – Curitiba
Fortaleza – Juiz de Fora – Petrópolis – Recife – São Paulo

EDITORA VOZES LTDA.
Rua Frei Luís, 100 – Centro – Cep 25689-900 – Petrópolis, RJ
Tel.: (24) 2233-9000 – E-mail: vendas@vozes.com.br